中华精神家园

节庆习俗

寄托哀思

清明祭祀与寒食习俗

肖东发 主编 郭艳红 编著

中国出版集团
现代出版社

图书在版编目（CIP）数据

寄托哀思 / 郭艳红编著. — 北京：现代出版社，2014.7（2020.01重印）
ISBN 978-7-5143-2435-8

Ⅰ. ①寄… Ⅱ. ①郭… Ⅲ. ①节日—风俗习惯—中国—通俗读物 Ⅳ. ①K892.1-49

中国版本图书馆CIP数据核字(2014)第165210号

寄托哀思：清明祭祀与寒食习俗

总 策 划：陈 恕
主　　编：肖东发
作　　者：郭艳红
责任编辑：王敬一
出版发行：现代出版社
通信地址：北京市定安门外安华里504号
邮政编码：100011
电　　话：010-64267325 64245264（传真）
网　　址：www.1980xd.com
电子邮箱：xiandai@cnpitc.com.cn
印　　刷：山东省东营市新华印刷厂
开　　本：710mm×1000mm 1/16
印　　张：11
版　　次：2015年4月第1版 2020年1月第3次印刷
书　　号：ISBN 978-7-5143-2435-8
定　　价：40.00元

党的十八大报告指出："文化是民族的血脉，是人民的精神家园。全面建成小康社会，实现中华民族伟大复兴，必须推动社会主义文化大发展大繁荣，兴起社会主义文化建设新高潮，提高国家文化软实力，发挥文化引领风尚、教育人民、服务社会、推动发展的作用。"

我国经过改革开放的历程，推进了民族振兴、国家富强、人民幸福的中国梦，推进了伟大复兴的历史进程。文化是立国之根，实现中国梦也是我国文化实现伟大复兴的过程，并最终体现为文化的发展繁荣。习近平指出，博大精深的中国优秀传统文化是我们在世界文化激荡中站稳脚跟的根基。中华文化源远流长，积淀着中华民族最深层的精神追求，代表着中华民族独特的精神标识，为中华民族生生不息、发展壮大提供了丰厚滋养。我们要认识中华文化的独特创造、价值理念、鲜明特色，增强文化自信和价值自信。

如今，我们正处在改革开放攻坚和经济发展的转型时期，面对世界各国形形色色的文化现象，面对各种眼花缭乱的现代传媒，我们要坚持文化自信，古为今用、洋为中用、推陈出新，有鉴别地加以对待，有扬弃地予以继承，传承和升华中华优秀传统文化，发展中国特色社会主义文化，增强国家文化软实力。

浩浩历史长河，熊熊文明薪火，中华文化源远流长，滚滚黄河、滔滔长江，是最直接的源头，这两大文化浪涛经过千百年冲刷洗礼和不断交流、融合以及沉淀，最终形成了求同存异、兼收并蓄的辉煌灿烂的中华文明，也是世界上唯一绵延不绝而从没中断的古老文化，并始终充满了生机与活力。

中华文化曾是东方文化摇篮，也是推动世界文明不断前行的动力之一。早在500年前，中华文化的四大发明催生了欧洲文艺复兴运动和地理大发现。中国四大发明先后传到西方，对于促进西方工业社会的形成和发展，曾起到了重要作用。

中华文化的力量，已经深深熔铸到我们的生命力、创造力和凝聚力中，是我们民族的基因。中华民族的精神，也已深深植根于绵延数千年的优秀文化传统之中，是我们的精神家园。

总之，中华文化博大精深，是中国各族人民五千年来创造、传承下来的物质文明和精神文明的总和，其内容包罗万象，浩若星汉，具有很强的文化纵深，蕴含丰富宝藏。我们要实现中华文化伟大复兴，首先要站在传统文化前沿，薪火相传，一脉相承，弘扬和发展五千年来优秀的、光明的、先进的、科学的、文明的和自豪的文化现象，融合古今中外一切文化精华，构建具有中国特色的现代民族文化，向世界和未来展示中华民族的文化力量、文化价值、文化形态与文化风采。

为此，在有关专家指导下，我们收集整理了大量古今资料和最新研究成果，特别编撰了本套大型书系。主要包括独具特色的语言文字、浩如烟海的文化典籍、名扬世界的科技工艺、异彩纷呈的文学艺术、充满智慧的中国哲学、完备而深刻的伦理道德、古风古韵的建筑遗存、深具内涵的自然名胜、悠久传承的历史文明，还有各具特色又相互交融的地域文化和民族文化等，充分显示了中华民族的厚重文化底蕴和强大民族凝聚力，具有极强的系统性、广博性和规模性。

本套书系的特点是全景展现，纵横捭阖，内容采取讲故事的方式进行叙述，语言通俗，明白晓畅，图文并茂，形象直观，古风古韵，格调高雅，具有很强的可读性、欣赏性、知识性和延伸性，能够让广大读者全面接触和感受中国文化的丰富内涵，增强中华儿女民族自尊心和文化自豪感，并能很好继承和弘扬中国文化，创造未来中国特色的先进民族文化。

肖东发

2014年4月18日

火的崇拜——远古遗风

不断发扬——相沿成俗

演化嬗变——随俗雅化

文化新景——已然成节

火的崇拜

远古遗风

寒食节也称“禁烟节”“冷节”“百五节”，源于远古时期人们对火的崇拜，而后才逐渐发展成为我国盛大的节日。

寒食节的具体日期是在农历冬至后一百零五天，清明节前一二日。是日初为节时，禁烟火，只吃冷食。

寒食节在后世的发展中又逐渐增加了祭扫、踏青、荡秋千、蹴鞠、牵钩和斗鸡等风俗。寒食节绵延2000余年，曾被称为我国民间第一大祭日。

寒食节是我国汉族传统节日中唯一以饮食习俗来命名的节日，而祭祖、寒食和扫墓是节日期间最具特色的活动。

大禹得河图后始见清明

传说在远古时期，混沌初开，天地还未完全分离。我国的黄河流域洪水为患，人们因此失去了家园和土地，生活在洪水横流之中。

人们深受洪灾之害，当时有一个名叫舜的部落首领，就命令禹来

大禹治水壁画

■大禹 姒姓，名文命，后世尊称为大禹，也称帝禹，为夏后氏首领，夏朝第一任君王，于公元前2029年至公元前1978年在位。他是黄帝的七世孙、颛顼的五世孙。他是传说时代与尧、舜齐名的贤圣帝王，最卓著的功绩是治理滔天洪水和划定我国国土为九州。

治理洪水。提起大禹治水的故事，还要从一个美丽的传说说起。

那时候，在华阴潼乡有个叫冯夷的人，不安心耕种劳作，一心想得道成仙。他听别人说，只要喝上100天水仙花的汁液，就可以化为仙体，于是他就到处寻找水仙花。

而在大禹治理黄河之前，黄河水已经涌流到了中原，而且没有固定河道。河水到处漫流，泛滥成灾。冯夷东奔西跑找水仙花，需要经常渡黄河。

转眼过了99天，冯夷只要再找到一棵水仙花，吮吸一天汁液，就可以成仙了。冯夷想到这，心里很是得意，便又跨过黄河去一个小村庄找水仙花。

这里的水并不深，冯夷很容易就蹚水过了河。然而，奇怪的是，他刚到河中间，河水就突然涨了起来。他一慌神，跌倒在黄河里，竟被水淹死了。

冯夷死后，一肚子的冤屈怨气，他恨透了黄河，就来到玉帝面前告黄河的状。

玉帝听说黄河没人管教，到处横流撒野，危害百姓，很是恼火。他知道冯夷已吮吸了99天水仙花的汁液，便任命冯夷当黄河水神，治理黄河。

舜 我国传说中父系氏族社会后期部落联盟领袖。舜，也称虞舜，生于姚地，今河南濮阳，以地取姓氏为姚。姚姓族人是黄帝、舜的后裔。舜帝是中华民族的共同始祖。他不仅是中华道德的创始人之一，而且是华夏文明的重要奠基人。

冯夷想，这样既可了却自己成仙的心愿，又可报被淹死之仇，真是两全其美。从此，冯夷就当了黄河水神，人称河伯。

他从来没有治理过洪水，突然担当起治理黄河的大任，一时间束手无策。这可怎么办呢？自己道行浅，又无法宝仙术，冯夷只好又到玉帝那儿讨教办法。

玉帝告诉冯夷，要想治理黄河，先要摸清黄河的水情，画幅河图，有了黄河的水情河图为依据，就可以治理黄河了。

河伯按照玉帝的指点，一心要画幅河图。他找到村里的后老汉，讲了他治理黄河的大志。后老汉见他如今成了仙，要给百姓们办点好事，就答应一定帮忙。

从此，河伯和后老汉风里来雨里去，跋山涉水，察看黄河水情。经多年劳累，后老汉病倒了，只得回家去，分手时，后老汉再三嘱咐河伯，不要中途而废，画好图就着手治理黄河。

河伯继续沿黄河察看水情。查看水情并画河图是个苦差事。河伯把河图画好后已经年老体弱。河伯看着河图，叹气自己没有气力去治理黄河，很是伤心。

河伯想，总有一天会有能人来治理黄河的，到那时，再把河图授给能治理黄河之人，自己也就了却心愿了。

河伯从此就在黄河底下安度晚年，再没有露面。然而，黄河连连

河伯出行砖画

涨水，屡屡泛滥。百姓们知道玉帝派河伯来治水，却终日不见他的面，都怨声载道，埋怨河伯不尽职责。

后老汉听说此事后，对治理黄河的事不放心，便要去找河伯。后老汉有个儿子叫后羿，射箭百发百中，他劝父亲别去找河伯。

后老汉不听劝阻，结果遇上黄河决口，被冲得无影无踪。后羿心恨河伯，便决心射死他。

有一天，河伯听说大禹带着开山斧、避水剑来到黄河边，就带着河图从水底出来，寻找大禹。河伯走了半天，看见河对岸有个年轻人。

这年轻人英武雄伟，河伯心想此人或许正是大禹，就问道：“喂，你是谁？”

对岸的年轻人不是大禹，是后羿。他抬头一看，河对岸一个仙风道骨的老人在喊，就问道：“你是谁？”

河伯高声说：“我是河伯。你是大禹吗？”

后羿一听是河伯，顿时怒冲心头，冷笑一声，说：“我就是大禹。”说着张弓搭箭，“嗖”的一

后羿 是我国上古时期的传说人物。他善于射箭，曾助尧帝射九日。传说有一天，十日齐出，祸害苍生。天帝帝俊就派擅长射箭的羿下凡解除灾祸。羿射九日，只留一日，给大地带来复苏的生机。

玉帝 道教认为玉皇为众神之王，在道教神阶中修为境界不是最高，但是神权最大。玉皇大帝除统领天、地、人三界神灵之外，还管理宇宙万物的兴隆衰败、吉凶祸福。在中华文化中，玉皇大帝被视为宇宙的无上真宰，地球内三界、十方、四生、六道的最高统治者。

大禹治水壁画

箭，射中了河伯的左眼。

河伯拔箭捂眼，疼得直流虚汗。心里骂道：“混账大禹，好不讲道理！”他越想越气，就去撕那幅水情图。

这时，猛地传来一声大喊：“不要撕图。”

河伯忍痛一看，对岸一个头戴斗笠的人，拦住了后羿。这个人就是大禹，他知道河伯画了一幅黄河河图，正要找河伯求教呢！

后羿推开大禹，又要搭箭张弓。大禹赶紧拦住他，把河伯画图的艰辛讲给他，后羿听后对自己的莽撞行事后悔不迭。

后羿向河伯承认了过错，当河伯得知后羿是后老汉的儿子，也没多怪罪。

大禹对河伯说：“我是大禹，特地来找您求教治理黄河的办法。”

禹王庙 是纪念大禹的祠宇，专为纪念大禹治水而建的。大禹在远古历史中，至少在水事活动中，具有保护神的地位，禹王庙和关帝庙一样，在我国民众心中占据着重要位置。全国各地的许多地方都建有禹王庙，如石泉禹庙、重庆涂山禹庙、成都禹庙、忠县禹庙、奉节禹庙、南充禹王宫等。

河伯说："我的心血和治河办法都在这张图上，现在授给你吧！"

后羿射河伯

大禹展开图一看，图上圈圈点点，把黄河的水情画得一清二楚。大禹得了黄河水情图，日夜不停地工作，三过家门而不入。

黄河的水患解除了，瞬间天清地明，百姓们欢呼雀跃，齐声叫好："清明啦，清明啦！"

为了纪念这一有着重大意义的日子，人们把水患除去的一天定为清明节。此后，人们就用"清明"之语来庆贺水患已除，天下太平。

后人为了纪念大禹的功绩，建造了禹王宫、禹王庙、大禹陵等以示纪念。每年农历的三月二十八，周边数万的人们都会赶到山顶，向禹王朝拜。

阅读链接

关于河图的来历，我国民间还有一种说法。传说，伏羲是通过龙马身上的图案，与自己的观察，画出的"八卦"，而龙马身上的图案就叫作"河图"。

八卦源于阴阳概念一分为二，文王八卦源于天文历法，但它的"根"是《河图》。《河图》过去被人认为很神秘，实际上它只是数学中一个分支，通常叫它为幻方或魔方。

《河图》问世以后被古人加以神化，后又在历史过程中，被《易》学家们加入了五行、阴阳、四时和方位之说，更进一步说明节气、阴阳与万物生、壮、荣、衰的相互关系。

源于五千年前的墓祭

清明节是一个祭祀祖先的节日，主要是扫墓，是慎终追远、敦亲睦族及行孝的具体表现。扫墓源于5000年前的墓祭，就是在坟墓前祭祀祖先。

据传，清明节始于古代帝王将相的“墓祭”之礼。后来民间也争

古代祭祖

相仿效，于此日祭祖扫墓，历代沿袭，从而成为中华民族一种固定的风俗。

古代清明扫墓

我国古代墓祭的礼制可追溯到5000年前，而且当时的墓祭已是祖先偶像与祖先亡灵相结合的祭祀形式。

在古文献中曾提到一个为人所耻笑的齐国人。这个齐国人经常到东郭的坟墓前乞食祭墓的祭品，可见当时扫墓的风气已经盛行。

根据祭祀的场所，我国古代的祭祖可分为宗庙祭祀和墓祭两种。墓祭主要是指生者在墓前祭祀祖先，以表达和寄托对死者的孝思之情，后世又称“祭墓”，俗称“拜扫”或“扫墓”。

根据考古发现，早在新石器时期，我国已经有了墓祭习俗，在殷商时期墓祭之风渐为风行。

本来，寒食节与清明节是两个不同的节日，“清明节”的得名源于农历二十四节气中的清明节气。每年冬至后的第一百零五天就是清明节气。

清明节气共有15天。作为节气的清明，时间在春分之后。这时冬天已去，春意盎然，天气清朗，四野明净，大自然处处显示出勃勃生机。用“清明”称这个时期，是再恰当不过的称呼。

此时春暖花开，万物复苏，天清地明，正是春游

新石器时期 在考古学上是石器时代的最后一个阶段，以使用磨制石器为标志的人类物质文化发展阶段。这个时期在地质年代上已进入全新世，继旧石器时代之后，或经过中石器时代的过渡而发展起来，属于石器时代的后期，年代大约从1.8万年前开始，结束时间从距今5000多年至2000多年不等。

清明祭祖

踏青的好时节。踏青在历代承袭成为习惯。踏青除了欣赏大自然的湖光山色、春光美景之外，还开展各种文娱活动，增添生活情趣。

清明时节总是给人以些许悲凉和伤感，而与一般伤春悲秋不同的是，它不是关乎个体当下的特殊经验，而是一种更加深沉辽远的生命之感。

“事死如事生”。清明将至，细雨绵绵，草木萌生，踏青远足，南燕北归，那逝去亲人的坟茔墓地是否也会有狐兔穿穴打洞？是否也会因雨水浸满而塌陷崩落？或者，我们自己是否也会有因时序更替光阴流逝带来的某种情愫心思需要前去倾诉抒发？

正是这样一种随天地运行而来的情之发、意之动，才引发了人们清明墓地祭扫的情景。于是，清明也就由一种与农事活动相关的自然之“气”，转换递进为缅怀先人的文化之“节”，具有特殊的意涵。

扫墓实际就是墓祭。古代帝王曾将其确定为国家

霜降 二十四节气之一，天气渐冷，开始有霜，是秋季的最后一个节气，也意味着冬天的开始。霜降时节，养生保健尤为重要，民间有谚语“一年补透透，不如补霜降”。霜降一般是在每年10月23日。这时我国黄河流域一带出现初霜，大部分地区多忙于播种三麦等作物。

礼制。上古时期“墓而不坟”，就是只打墓坑，不筑坟丘，因此这个日子主要与上巳和寒食联系在一起。后来，便“墓而且坟”，祭扫之情便有了依托。

当时，人们即使离京千里也要在清明回乡扫墓。而扫墓内在依据，结合我国民间传统的“鬼节”可以更清楚地被理解。

从节气上看，霜降以后天气转凉，我们自己要添衣御寒，那生活在彼岸世界的先人们是不是也有同样的需要呢？于是就有了给他们捎点衣物钱财以顺利过冬的烧包习俗。

事死如事生的情感逻辑以古老而朴素的灵魂观念和祖先崇拜为基础。“鬼节”最初的缘起如此，清明节最初的缘起也有此因。

清明节流行扫墓，扫墓其实就是清明节前一天寒

鬼节 是指鬼过的节日。在我国有三大鬼节，分别是清明节、农历七月十五和农历十月初一。鬼节源于目连救母的故事。由此可见，“鬼节”是因传统美德的孝心而起的。

清明祭扫

远古人钻木取火

食节的内容。因此每逢清明节来到，扫墓就成为社会重要风俗。因寒食与清明相接，后来就逐渐传成清明扫墓了。直至后来，清明扫墓成为盛行的习俗，世代相沿。

古代寒食节也叫禁烟节，有禁烟风俗。每年到这一时节，要求国人家家禁止生火，皆吃冷食。禁烟是节日里最主要甚至是必须的措施。在禁火之时，人们就准备一些冷食，以供食用，后来就慢慢成了固定的风俗。

寒食节距冬至一百零五天，也就是距清明不过一天或两天。这个节日的主要节俗就是禁火，不许生火煮食，只能吃备好的熟食和冷食，故而得名。

寒食节的源头，其实是远古时期人类对火的崇拜，源于古代的钻木、求新火之制。古人因季节的不同，选取不同的树木来钻火，有改季改火的风俗。而

介之推（？—前636），春秋时期晋国贤臣，又名介子推，后人尊为介子，因"割股奉君"，隐居"不言禄"之壮举，深得世人怀念。死后葬于介休绵山。晋文公重耳深为愧疚，遂改绵山为介山，并立庙祭祀，由此产生了清明节前一天的"寒食节"，历代诗家文人留有大量吟咏缅怀诗篇。

每当新的季节改火之后，就要换取新火。新火未至，就禁止人们生火。这是当时的一件大事。

古人的生活离不开火，但是火往往又给人类造成极大的灾害，于是古人便认为火有神灵，便要祀火。

在古代，家家户户所祀之火，每年又要止熄一次。然后再重新燃起新火，此举被称为“改火”。每当改火时节，人们都要举行隆重的祭祖活动，将谷神稷的象征物焚烧，称为人牺。相沿成俗，便形成了后来的禁火节。

据《周礼·秋官·司煊氏》记载：

仲春以木铎循火禁于国中。

可见当时是摇着木铎，在街上走，下令禁火。司煊氏，其实就是专管取火的小官。

这样慢慢就成了固定的风俗了。在此期间，人们

杏酪 是我国的传统食品，又称杏仁茶。做法是把甜杏仁、糯米面、白糖各适量。甜杏仁磨细备用，锅中适量清水煮沸，下甜杏仁及糯米面调匀。再下白糖，煮至熟即可服食，适于风寒咳嗽，常服有防癌、抗癌作用。

■扫墓雕塑

还有吃杏酪食俗。杏酪自古以来就被人们作为寒食节中的一种高档食品。在东晋孙楚祭祀介之推的食品中，便有杏酪。

以后，寒食节才与介之推的传说联系起来，成了寒食节。而寒食节的日期也要长达一个月。长期吃冷食，毕竟不利于人的健康。

以后，人们便缩短日期，从7天、3天逐渐改为1天。到了后来，人们便直接把寒食节融合在清明节中一起度过了。

古人在寒食节扫墓，通常也不设香火。人们将纸钱挂在坟茔旁的树上。前去扫墓的乡里人，都登到高处遥望，以示祭祀。将裂帛抛往空中，称之为掰钱。而京师的周围地区，人们在拜扫时，便设置酒和饭食，带领全家老幼外出春游。

此后，清明节便由一个单纯的农业节气，上升为重要的大节日了，寒食节的影响也就消失了。但寒食的食俗有若干变形的方式却传承下来了，并保存于清明节中。

清明节期间，此时不仅春暖花开阳光和煦，适合人们出外春游拜扫亲人坟墓，还消除了“隆冬冷食，残损民命”的忧虑。把寒食节并为清明节既符合民意又符合时令，实属明智之举。

阅读链接

墓祭又称祭扫，我国过去一般每年都要举行春秋二祭，春祭在清明节，秋祭在重阳节，重阳祭扫祖坟活动在境内并不普遍，且久已无闻，唯有清明节的祭墓活动十分普遍。

每到清明日，家家户户都有人上山祭扫祖坟。祭扫时，要清除祖坟周围的杂草。祖墓如有损坏，也要整修。民间旧俗，祖墓之土平时不宜轻动，只有在清明祭扫之时可以进行此项工作。坟墓周围打扫清净之后，就把“纸钱”压在祖坟前后左右。

扫墓结束后，扫墓者必折一枝马尾松松枝，带回家插于门上，用以表示这户人家没有忘记祖先，已经扫过墓了。后来，这项风俗从形式到内容都发生了重大变化。

介之推割股奉重耳充饥

寒食节相传是源于春秋时期的晋国，是为了纪念晋国公子的臣子介之推而专门设立的节日。

相传，在春秋战国时代，晋献公的妃子骊姬为了让自己的儿子奚齐继位，就设毒计谋害太子申生，申生被逼自杀。

晋文公画像

当年重耳出逃时，先是父亲献公追杀，后是兄弟惠公追杀。重耳经常食不果腹、衣不蔽体。有一年重耳逃到卫国，一个叫作头须的随从偷光了重耳的资粮，逃入深山。

重耳无粮，饥饿难当向田夫乞讨，可不但没要来饭，反被农夫们用土块当成贼戏谑了一番。

重耳在流亡期间受尽了屈

■晋文公雕塑

辱。在一处渺无人烟的地方，又累又饿晕了过去，再也无力站起来。跟着他一道出奔的臣子，大多都各奔出路去了，只剩下少数几个忠心耿耿的人一直追随着他。

随臣找了半天也找不到一点吃的，正在大家万分焦急的时刻，有一人悄悄走到僻静处，此人就是介之推。

介之推走到僻静处后，忍着剧痛，用一把刀子从自己的大腿上割下了一块肉。随后，他为重耳煮了一碗肉汤。当重耳喝完肉汤后，渐渐恢复了精神，而当重耳发现肉是介之推从他自己腿上割下的时候，流下了眼泪。

19年以后，重耳做了晋国的国君，他就是历史上的晋文公。晋文公即位以后，重重赏了当初伴随他流亡的功臣，唯独介之推被遗忘。众人都为他鸣不平，他却不肯面见圣上请赏。

《吕氏春秋》记载，当时介之推不肯受赏，曾赋诗一首：

有龙于飞，周遍天下。
五蛇从之，为之丞辅，
龙返其乡，得其处所，
四蛇从之，得其露雨，
一蛇羞之，桥死于中野。

《吕氏春秋》
战国末年由秦国丞相吕不韦组织属下门客集体编撰的一部古代类百科全书式的传世巨著，是一部杂家著作，又名“吕览”。此书共分为12纪、8览、6论，共12卷，160篇，20余万字。吕不韦自己认为其中包括了天地万物古往今来的事理，所以号称“吕氏春秋”。

邻居解张为介之推鸣不平，夜里写了封书信挂到城门上。晋文公看到这首诗后，后悔自己忘恩负义，赶紧派人召介之推受封，才知道他已背着老母亲隐入绵山。

绵山山高路险，树木茂密，找寻两个人谈何容易。于是，有人献计，从三面火烧绵山，逼出介之推。晋文公便下令举火烧山，孰料大火烧了三天三夜，在大火熄灭后，终究不见介之推出来。

火熄以后，人们才发现身背老母亲的介之推已坐在一棵老柳树下被火烧死了。晋文公见状，恸哭不已。

人们在装殓介之推的尸体时，从树洞里发现一纸血书，上面写道：

割肉奉君尽丹心，但愿主公常清明。
柳下做鬼终不见，强似伴君做谏臣。
倘若主公心有我，忆我之时常自省。
臣在九泉心无愧，勤政清明复清明。

晋文公被介之推的忠君爱国之心感动不已，他将血书藏入袖中。

春秋战国《晋文公复国图》局部

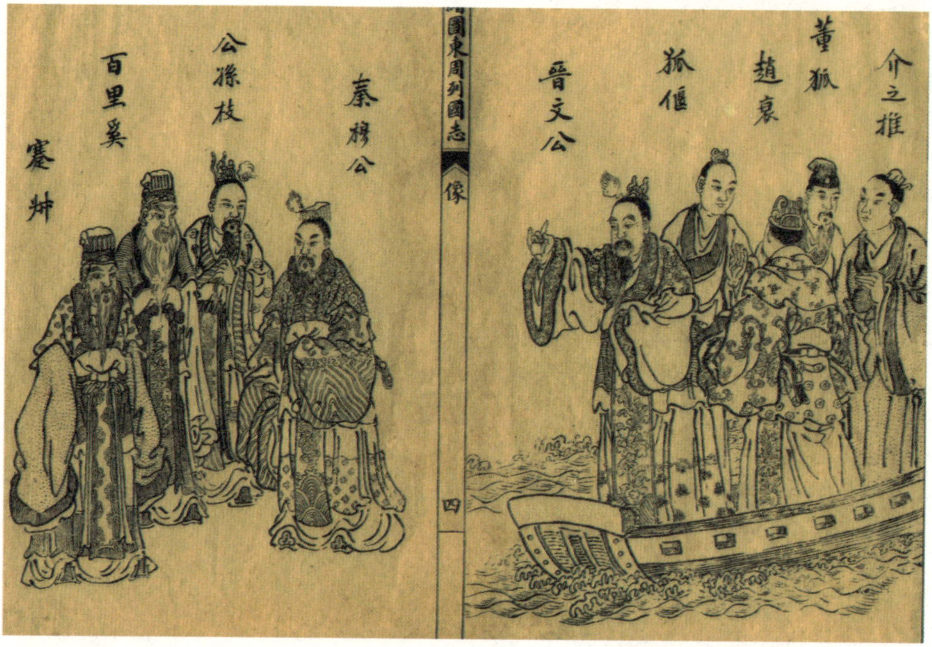

■《东周列国志》中的晋文公与介之推画像

然后把介之推和他的母亲分别安葬在那棵烧焦的大柳树下。

为了纪念介之推，晋文公下令把绵山改为“介山”，在山上建立祠堂，并把放火烧山的这一天定为寒食节，晓谕全国，每年这天禁忌烟火，只吃寒食。

临走时，晋文公还伐了一段烧焦的柳木，到宫中做了双木屐，每天望着它叹道：“悲哉足下”“足下”是古代，下级对上级或同辈之间相互尊敬的称呼，据说就是来源于此。

第二年，晋文公领着群臣，素服徒步登山祭奠，表示哀悼。行至坟前，只见那棵老柳树死树复活，绿枝千条，随风飘舞。

晋文公望着复活的老柳树，像看见了介之推一样。他敬重地走到跟前，珍爱地掐了一下枝，编了一个圈儿戴在头上。祭扫后，晋文公把复活的老柳树赐

祠堂 是族人祭祀祖先或先贤的场所。祠堂有多种用途，除了“崇宗祀祖”之用外，各房子孙平时有办理婚、丧、寿、喜等事时，便利用这些宽广的祠堂以作为活动之用。另外，族亲们有时为了商议族内的重要事务，也利用祠堂作为会聚场所。

名为“清明柳”，又把这天定为清明节。

以后，晋文公常把血书带在身边，作为鞭策自己执政的座右铭。他勤政清明，励精图治，把国家治理得很好。此后，晋国的百姓得以安居乐业，对有功不居、不图富贵的介之推，人民非常怀念。

于是，每逢介之推死的那天，大家禁止烟火来表示纪念。同时，人们还用面粉和着枣泥，捏成燕子的模样，用杨柳条串起来，插在门上，召唤他的灵魂。

历史上，寒食节活动由纪念介之推禁烟寒食为主，逐步演变为以拜扫祭祖为主。其中蕴含的忠孝廉洁的理念，完全符合我国古代国家需要忠诚，家庭需要孝道的传统道德核心，成为家庭和谐、社会稳定的重要载体。

古代先民对寒食节禁烟冷食的执着，表达了对千古先贤介之推忠贞不渝的怀念之情。

可以说，寒食节的意义远远大于清明，若比作母子，寒食为母，清明为子。清明尤在，而寒食早已不存。可以说，寒食伴随着吹面不寒的杨柳之风，在岁时节日的演变过程中静静地融入了清明。

阅读链接

后人为了纪念介之推，专门修建了一座介之推庙。介之推庙位于山西省晋中灵石县境内的张蒿村，称英毅圣王庙。介庙所建处，原有母子柏、母子碑。

传说母子柏所生之处是介之推母子相抱被焚死之地。介庙周围原来环境清幽，风景秀丽，气候温凉。也由于这个原因，这里也被人称为“神林”。

可惜后来山林庙宇均被火焚毁，现仅存寺庙的偏院一处，院内还存有原庙基的石墩和五通石碑。

春秋战国时期的清明习俗

大约在2400年前的春秋时期，清明节的活动开始丰富起来，包括牵钩、射柳、植树等。同时，人们逐渐地形成了在清明节吃饧的饮食习俗。

牵钩是古称，其实就是拔河运动，始于楚国。楚国是春秋战国时期南方的一个诸侯国，楚人是华夏族南迁的一支，最早兴起于汉江流

拔河比赛

域的丹水和淅水交汇的淅川一带，其全盛时的最大辖地大致为现在的湖北、湖南全部、重庆、河南、安徽、江苏、江西、浙江等地。

古称牵钩的拔河运动

楚国地处大江南北，水道纵横，除陆军外，还有一支强大的水军舟师，并曾发明一种称之为“钩拒”的兵器，专门用于水上作战。当敌人败退时，军士以钩拒将敌船钩住，使劲往后拉，使之逃脱不了。

后来钩拒从军中流传至民间，被水乡渔民仿效，成为一项民间体育娱乐活动，演变为牵钩比赛。

据说春秋时期，楚国为了进攻吴国，以牵钩这种运动来增强人民的体质。它主要是以一根麻绳，两头分为许多小绳，比赛时，以一面大旗为界，一声令下，双方各自用力拉绳，鼓乐齐鸣，双方助威呐喊，热闹非常。

在古代拔河时，还要敲着大鼓，以壮士气。唐玄宗曾多次观看拔河比赛，拔河者多至千余人，呼声震天，中外观众，无不震骇。

楚国 春秋战国时期南方的一个诸侯国，其国君为熊氏。楚国先人用自己的勤劳与智慧，创造出了令世人瞩目的楚文化。楚文化的主源是中原文化。至楚国灭亡后几百年间，楚国这个称谓断断续续被多个政权与藩王沿袭保存了下来。五代十国时期的楚国史称“南楚”或“马楚”。

拔河雕塑

拔河所用的绳索，在唐代以前用的是篾缆，唐代的民间则用木麻。木麻通常长达150多米，两头分系小索数百条，挂于前，分二朋，两勾齐挽，立大旗为界，震鼓叫噪，使相牵引，以却者为输，名为“拔河”。

拔河的起源，本来是由于双方交战，后来，军中的兵士们也多以此为戏。不仅仅是兵士这么做，宰相和将军们也喜欢此类运动，甚至宫女们也常组队拔河。拔河游戏发展成为上至皇亲贵族下至平民百姓备受青睐、盛况空前的活动。

射柳是古时一种练习射箭技巧的游戏。这也是一项时尚高雅的活动。在细长摇曳的柳枝上，拴上一缕红绸，即是被射的目标。大多是青年男子，骑马挽弓，在百步以外，用特制的前头分杈的箭，射断那枝柳条，待柳条落地之前，飞马前往，将柳条接住。是考验骑射真功夫的一项运动。

还有一些文人墨客和学子，常在柳树上挂个有鹁鸠鸟的葫芦，百步之外用弓箭或弹弓射之，善射者矢中葫芦，鹁鸠受惊飞出，以鹁鸠飞出的高低决定胜负。

清明前后，春阳照临，春雨飞洒，种植树苗成活率很高，成长快。因此，自古以来，我国就有清明植树的习惯。有人还把清明节叫作“植树节”，植树风俗便一直流传下来。

寒食清明，这个我国传统的节日，除了有慎终追远的感伤，还融合了欢乐与赏春的气氛。除了特殊的节日活动，在我国还有清明节吃饧的食俗。

“饧”就是人们通常所说的饴糖，它是古代寒食节必备的食品。自古以来，许多文人墨客曾经借助诗词生动地记述了当时我们的祖先过寒食节时的盛景，如“海外无寒食，春来不见饧”“市远无饧供寒食”“箫声吹暖卖饧天”“粥香饧白杏花天”等。

从众多的提到“饧”的寒食诗作中，我们不难看出，古代先人过寒食节必须要有“饧”这种食物。如果在寒食节里没有“饧”这一食品，人们就认为这个节日不是完整的。

关于“饧”这种食品，古代还有一则典故。据说后人在《六经》中找不到“饧”字，便对“春来不见饧”的诗句提出了质疑。有人就

寒食节植树

■贯馅糖

对这个问题进行了研究。

经过查找，人们发现在战国时期的《楚辞》中曾经提到一种叫作“饧馆”的食品，而“饧馆”就是人们所称的“饧”。

据古文献记载，寒食为冷食，《楚辞·招魂》中名“粔籹”，又名“餲”“环饼”等，其用糯米粉和面油煎制成，可贮存，寒食禁火时用以代餐。

其实，古人所说的“饧”就是专指用麦芽和谷芽等熬成的糖。我国传统食品贯馅糖，就是用大麦芽和小米经过糖化以后熬制而成的。

贯馅糖是古人在冬令时节的保健食品，是在春节至寒食节期间作为馈送亲友和祭灶供神的主要食品。追根溯源，贯馅糖事实上就是古代寒食节的家用食品。

直到后来，晋北地区一直沿袭着用饧的习惯，饧就是山西名品——麻糖的初级品。麻糖入口后很甜也很黏，故我国民间素有“二十三，吃饧板”的民谚。

我国传统中医学还认为，饴糖有补中益气、健脾和胃、润肺止咳的功效，可谓是药食兼备。据传，古人曾经使用寒食饧，治愈好眼目中的飞矢恶疾等病例，这也说明了“饧”在古代也曾作为药用。

楚辞 是战国时代的伟大诗人屈原创造的一种诗体。汉代时，刘向把屈原的作品及宋玉等人“承袭屈赋”的作品编辑成集，名为“楚辞”。并成为继《诗经》以后，对我国文学具有深远影响的一部诗歌总集，并且是我国汉族文学史上的第一部浪漫主义诗歌总集。

饴糖主要含麦芽糖，并含维生素B和铁等。有软硬之分，软者为黄褐色黏稠液体，硬者系软饴糖经搅拌，混入空气后凝固而成，为多孔之黄白色糖块。药用以软饴糖为好。味甘，性温。能补中缓急，润肺止咳，解毒。溶化饮，入汤药，噙咽，或入糖果等。然而，脾胃湿热、食欲不振、消化不良者不宜食用。

清明节期间，百姓不生火，只吃冷食，许多城市中的饴糖摊点生意都非常兴隆。

我国民间也有吃饧大麦粥的习俗。据古文记载，寒食“禁火三日，造饧大麦粥”。其制法是先将大麦熬成麦浆，煮熟，有时还可以加入捣碎的杏仁，冷凝后切成块状，食时浇上饴粮。

此外，还有一种耐贮存、适宜冷食，又酥香脆美的食品“寒具”，堪称寒食节的美食。

贯馅糖 营养丰富，具有皮儿薄，馅儿香，气味芬芳，味道鲜美、可口等特点。因主要成分为糖粞，而糖粞则是用大麦生芽后与小米经糖化而成，故具有温肺、健肾之功能，亦有催乳之良效，且糖馅内之核桃仁性甘、平温，故又有健脑补肾、补气养血、润肺化痰等功能。

■寒具

北魏农学家贾思勰在《齐民要术·饼法》中说：

环饼一名“寒具”，以蜜调水溲面；若无蜜，煮枣取汁。牛羊脂膏亦得，用牛羊乳亦好，令饼美脆。

这段文字该是对色香味俱全的寒具最有力的表述。

阅读链接

清明节期间，我国各地都有不同的节日习俗。东北地区清明节这天，老百姓习惯做饽饽、煮鸡蛋吃。华北地区，人们习惯食豌豆黄，好游者则至乡村踏青。山西翼城县，家家预煮黑面凉粉，于清明日切薄块灌汤而食之。

福建地区，清明期间，人们则有佩柳祀祖先，扫墓添土，冢上挂依陌。折柳枝插门左右，名辟邪。“上巳”，取南烛木茎叶捣碎，渍米为饭成绀色以食，且相馈遗。河南许昌地区，人们在清明日祭先茔，携酒肴郊饮，谓之“踏青”。

相沿成俗

秦汉时期，清明节的活动更加丰富多彩。主要包括源于先秦时期的插柳习俗、踏青、放风筝以及祭祀习俗。在古代，柳在人们的心目中具有辟邪的功用，便有了极具象征意义的插柳习俗。

到了汉代，流行一种味道鲜美的杂烩菜名为“五侯鲭”。而这一时期，清明墓祭已成为不可或缺的礼俗活动。

到了南北朝时期，我国民间逐渐形成了一些具有代表性的清明节娱乐习俗和食俗。娱乐习俗主要有荡秋千，食俗主要有馈宴、吃馓子以及寒食节吃粥等食俗。

自古以来的清明各项活动

寒食节是春秋时晋文公为纪念介之推而设的节日，历经各朝各代沿袭至今。虽经多次禁断，却屡禁屡兴，寒食习俗蔓延全国，深入民心。

关于寒食节禁烟，更为翔实的禁烟说，见于西汉末年无神论者桓谭撰著的《新论》。

北魏孝文帝元宏画像

在《新论》文中有描述：

太原郡民，以隆冬不火食五日，虽有疾病缓急，犹不敢犯，为介子推故也。

东汉时期，朝廷尚书周举初在并州任刺史，当时并州的百姓视介之推为乡神，士民每

孝文帝（467—499），元宏，鲜卑人。是献文帝拓跋弘的长子，北魏王朝的第六位皇帝。杰出的政治家、改革家。即位时5岁，490年亲政。亲政后，进一步推行改革。孝文帝的改革，对各族人民的融合和各族的发展，起了积极作用。

年冬季怕神灵不乐见火，于是每年冬天都要吃一个月的寒食，不敢生火。

老小之人不堪寒冷，每年在这一时期，都会死很多人。于是，寒食节禁烟令一度被废止。

据史料记载，332年一次史无前例的大冰雹起自西河介山，冰雹大如鸡子，平地三尺，行人禽兽死者万数。冰雹所到之处，太原、乐平、武乡、赵郡、广平、钜鹿等地1000多千米，树木摧折，庄稼无存。

当时，后赵帝王石勒，在东堂询问中书令徐光下冰雹的原因。

徐光说："去年，皇帝禁寒食。帝乡之神介之推，历代为世人所尊，介山左右的田地成为晋文公祭介之推田，这一带百姓奉祀介之推，士民们愿寒食禁火可任其随便。皇帝纵不能让天下人心都同介山之人。"

于是，石勒下诏书禁寒食。

此外，在474年、492年和502年，魏孝文帝连续三次禁断寒食。他在第三次令文中说：除介山之邑听任为之，寒食自此禁断。

寒食节历经几朝当政者的屡屡禁断，但仍能相沿

诏书 皇帝布告天下臣民的文书。在周代，君臣上下都可以用诏字。秦王政统一六国，建立君主制的国家后，号称皇帝，并改命为制，令为诏，从此诏书便成为皇帝布告臣民的专用文书。汉代承秦制，唐宋时期废止不用，元代又恢复使用。

清明戴柳

持续，除了国人追悯昔贤，不忍介之推英灵泯没之外，一个很重要的原因，就是后来的寒食节最终选定在冬至后的第一百零五天，即清明节期间。

清明时节自古就有插柳的习俗。北魏农学家贾思勰《齐民要术》里记载：

取柳枝著户上，百鬼不入家。

说的就是这一习俗。

柳为落叶乔木，阳春始发，枝条柔韧，叶似春风裁剪，枝干纵横倒顺，插之皆可成活。寒食清明习俗的标志之一，就是家家要插柳。

杨柳有强大的生命力，寒食插柳习俗历史悠久。每到寒食节这天，江淮人家折柳插门。据说，插柳的风俗，也是为了纪念“教民稼穑”的农事祖师神农氏的。有的地方，人们把柳枝插在屋檐下，以预报天气，古谚有这样的说法：

柳条青，雨蒙蒙；
柳条干，晴了天。

俗话说：“有心栽花花不发，无心插柳柳成荫。”柳条插土就活，插到哪里，活到哪里，年年插柳，处处成荫。

观世音 是佛教四大菩萨之一。他具有无量的智慧和神通，大慈大悲，普救人间疾苦。在佛教中，他是西方极乐世界教主阿弥陀佛座下的上首菩萨，同大势至菩萨一起，是阿弥陀佛身边的胁侍菩萨，并称“西方三圣”。

柳在人们的心目中具有辟邪的功用。清明插柳戴柳还有一种说法：我国人以清明、七月半和十月朔为三大鬼节，是百鬼出没讨索之时。人们为防止鬼的侵扰和迫害而插柳戴柳。

此外，因受佛教的影响，人们认为柳可以祛鬼，而称之为“鬼怖木”，观世音以柳枝沾水济度众生。清明既是鬼节，值此柳条发芽时节，人们自然纷纷插柳戴柳以辟邪了。

汉代人有灞桥“折柳赠别”的风俗，每当有人送客至此桥时，便折柳赠别。古代长安灞桥两岸，堤长十里，一步一柳，由长安东去的人多到此地惜别，折柳枝赠别亲人，因“柳”与“留”谐音，以表示挽留之意。

杨柳是春天的标志，在春天中摇曳的杨柳，总是给人以欣欣向荣之感。“折柳赠别”就蕴含着“春常在”的祝愿。

古人送行折柳相送，是一种对友人的美好祝愿。也寓意亲人离别去他乡正如离枝的柳条，希望他到新的地方，能很快地生根发芽，好像柳枝之随处可活。

古人的诗词中也大量地提及折柳赠别之事。如“新知折柳赠”“别路恐无青柳枝”“年年长自送行人，折尽边城路旁柳”等。

贾思勰 北魏时期人，曾经做过高阳郡太守，是我国古代杰出的农学家。著有《齐民要术》，全书共92篇，共11万多字，书中引用前人著作有150多种，记载的农谚有30多条。全书几乎对所有农业生产活动都做了比较详细的论述，在农学方面具有重大意义。

清明折柳

人们不但见了杨柳会引起别愁，连听到《折杨柳》曲也会触动离绪。这就自然引起古代文人墨客寄情笔端的感怀。其实，柳树可以有多方面的象征意义，古人又赋予柳树种种感情，于是借柳寄情便是情理中之事了。

除了插柳，我国清明节也有戴柳的习俗，有将柳枝编成圆圈戴在头上的，也有将嫩柳枝结成花朵而插于发髻的，还有直接将柳枝插于发髻的。

清明节的清晨，街市叫卖杨柳，家家折一枝绿柳蘸上清水，插上门楣，妇女则结杨柳球，戴在鬓边。

民间谚语有：

清明不戴柳，死后变黄狗。
清明不戴柳，来世变猪狗。

这说明，在古人眼里戴柳也有辟邪的作用，清明戴柳之俗在各地都很常见。

柳是寒食节的象征之物，但有一些地方有纪年华之义，有所谓的清明插柳"纪年华""清明不戴柳，红颜成皓首"之说。

发展到后来，人们就干脆把男女成年行冠礼的时间统一定在寒食节，而不论生

古代清明扫墓

时年月，凡官民不论大小家，子女未冠的人，于此日戴柳，即为成年标志。

据此，后世便有“纪年华”的遗俗，并演化成妇女戴柳球于鬓畔以祈红颜永驻的习俗。在此，青青春柳又有了象征青春的意义。时值春季妇女戴柳，则表现出对青春年华的珍惜与留恋。

清明节又叫踏青节，踏青又叫春游，古时还叫踏春、探春、寻春等。每至清明时节，人们在花草返青的春季，结伴到郊外原野远足踏青，并进行各种游戏以及荡秋千、放风筝等活动。

我国的踏青习俗由来已久，传说远在先秦时期就已形成。每年春天，人们都要结伴到郊外游春赏景，风俗日益兴盛。

“江上冰消岸草青，三三五五去踏青。”清明时节同时也是个生机勃发的时日，人们告别蛰伏的户居生活，迎着春天的明媚阳光，呼吸着青青绿草的气息，脚踩着松软的土地，徜徉在姹紫嫣红、莺歌燕舞的原野上，那时的心情该是多么轻快愉悦！

《论语》 儒家的经典著作之一，由孔子的弟子及其再传弟子编撰而成。它以语录体和对话文体为主，记录了孔子及其弟子的言行，集中体现了孔子的政治主张、伦理思想、道德观念及教育原则等。与《大学》《中庸》《孟子》《诗经》《尚书》《礼记》《周易》《春秋》并称为“四书五经”。

古代清明节活动

说起踏青游乐，可以一直上溯到孔子那里。《论语》记载，孔子有一次与他的弟子们在一起讨论人生志向，其他弟子慷慨陈述其治国安邦的宏伟蓝图时，孔子并未搭腔。

轮到曾皙说："暮春时节，穿着刚刚做好的春服，与五六个朋友，六七个小孩儿，到沂水去沐浴，并随风起舞，洗完后哼着民间小调，踏上归途。"

孔子听后大加赞赏，喟然道：你和我想的一样！

孔子与曾皙的对话表明，远在春秋时期，人们便有了在暮春时节野浴并踏青的活动。

清明踏青为古代人比较普及的休闲活动形式，其组织方式、内容和规格，也随着时间的推移，因地因人而异。有人会觉得，清明节吃着寒食祭奠先人，真是好凄凉啊。

其实不然，有词为证：

问西楼禁烟何处好？绿野晴天道。马穿杨柳嘶，人倚秋千笑， 探莺花总教春醉倒。

清明的另一番风情是多么令人向往的场景！

清明节时无论是大自然中的植被，还是与自然共处的人体，都退去了冬天的污浊，迎来春天的气息，实现了由阴到阳的转化。

所以说清明节的实质是通过缅怀先人来迎接更美好的生活。从这个角度来说，清明节实在是一个快乐和积极的节日。

人们在禁烟踏青中，不仅要举行斗草、秋千等活动，还要画新妆、嬉闹，直至饮酒、狂饮，可见我国古代踏青活动之兴盛，甚至一些人热衷于踏青，淡化了祭扫。

当时，有些人家“置亲于荒墟”，清明节拜扫只草草了事，而后便与其兄弟、妻子、亲戚、契交放情地游览，尽欢而归。

踏青虽在一年之春，但具体时日常有出入。古人关于踏青时节，说法不一。有说是指农历正月初八、二月初二、三月初三。

后来，由于清明扫墓，正值春光明媚，草木返青，田野一片灿烂芬芳。扫墓者往往扫墓完毕，而后便选择一处芳草地，坐于树下，尽兴地喝酒娱乐。

至此可见，清明扫墓已经由单纯的祭祀活动演化而为同时游春访胜的踏青活动。

阅读链接

由于各地习俗不一，寒食清明节插柳的地点和人身部位也千差万别。

福建《兴化府志》说，门上插柳，也插于头部。广西《南宁府志》记载，柳枝戴在头上，或系在衣带上。

而广东地区一些县里流传一种说法是，折柳悬于门，并插在两鬓上等。此外，安徽、江苏等地，寒食节还盛行以戴荠花、佩麦叶来代替柳枝与柳叶。

踏青时节巧借东风放纸鸢

放风筝和荡秋千，是我国人民在清明节时最喜爱的活动之一，具有几千年的历史了。风筝也称“风琴”“纸鹞”“鹞子”“纸鸢”等，闽南语称“风吹”。风筝是一种比空气重，能够借助风力在空中漂浮的

婴戏图

儿童放风筝

制品。

风筝起源于我国，据说古代将军曾利用风筝进行测量风速，有人背着风筝从高处跳下保住了性命，更有人曾利用风筝传信求救兵，取得了成功。

据民间传说，第一个风筝是由古代著名工匠鲁班用竹子做的。丝绸出现后，又出现了绸制的风筝。自从纸发明以后，才有了纸质风筝，名为“纸鸢”。于是，便有了后人“儿童散学归来早，忙趁东风放纸鸢”的佳句。

在古代，风筝作为一种儿童玩具日渐风行，有人在纸鸢上加以竹笛，纸鸢飞上天以后被风一吹，发出“呜呜”声响，像筝的弹奏声，于是人们把“纸鸢”改称“风筝”。也有人说“风筝”这名字起源于五代，从李邺用纸糊风筝，并在它上面装有竹笛开始。

在古人那里，放风筝不但是一种游艺活动，而且是一种巫术行为，他们认为放风筝可以放走自己的秽

鲁班（前507—前444），姓公输名般，又称公输子、公输盘、班输、鲁般。故里在山东滕州。春秋末期到战国初期鲁国土木工匠。鲁班是我国古代一位出色的发明家，2000多年以来，他的名字和有关他的故事，一直在广大人民群众中流传。我国的土木工匠们都尊称他为“祖师”。

巫术 是企图借助超自然的神秘力量对某些人、事物施加影响或给予控制的方术。“降神仪式”和“咒语”构成巫术的主要内容。巫术分为黑巫术和白巫术，黑巫术是指嫁祸于别人时施用的巫术，白巫术则是祝吉祈福时施用的巫术，故又叫吉巫术。

气。所以很多人在清明节放风筝时，将自己知道的所有灾病都写在纸鸢上，等风筝放高时，就剪断风筝线，让纸鸢随风飘逝，象征着自己的疾病、秽气都让风筝带走了。

《红楼梦》中，李纨劝林黛玉放风筝时说：“放风筝图的就是这一乐，所以叫放晦气，你该多放些，把病根儿带去就好了。”后来当紫鹃要去捡别人的风筝时，林黛玉就笑着劝阻说：“知道是谁放晦气的，快丢出去罢。把咱们的拿出来，咱们也放晦气。”

所以，别人放走的风筝，是不能捡拾的，否则就会沾上晦气。这种习俗，在我国民间又叫“放断鹞”。后来，风筝也逐渐发展成广为流行的郊游娱乐活动。

每逢清明节，人们不仅在白天放风筝，夜间也要放风筝。夜里，在风筝下或在风筝的拉线上挂上一串

年画大雪丰年放飞风筝

年画清明放风筝

串彩色的小灯笼，风筝飞在空中就像闪烁的明星，被称为“神灯”。

清明放风筝是普遍流行的习俗。清人潘荣陛所著《帝京岁时纪胜》记载：

清明扫墓，倾城男女，纷出四郊，提酚挈盒，轮毂相望。各携纸鸢线轴，祭扫毕，即于坟前施放较胜。

古人还认为清明的风很适合放风筝。《清嘉录》中说：“春之风自下而上，纸鸢因之而起，故有‘清明放断鹞’之谚。”

古时放风筝活动从元宵节后一直持续到清明节，所以古时也把清明节称为“风筝节”。

放风筝成为我国汉族及部分少数民族传统的娱乐风俗。我国传统的风筝品种繁多，一般分为硬翅、软

灯笼 我国的灯笼又统称为灯彩，起源于西汉时期。每逢佳节，人们都挂起象征团圆意义的红灯笼，来营造一种喜庆的氛围。后来灯笼就成了我国人喜庆的象征。经过历代灯彩艺人的继承和发展，形成了丰富多彩的品种和高超的工艺水平。我国的灯笼以宫灯和纱灯最为著名。

古代秋千仕女图

翅、板子、串子、立体筒形等几类，其题材也比较广泛，形式多样。

在我国民间，人们还创造了风筝上的附加物，如能发出声音的"鹤琴""锣鼓"，有灯光装置的"灯笼"，有散落携带物的"送饭儿的"等，各具特色。

在清明节，各地还有荡秋千的习俗。我国民间荡秋千的历史非常悠久，秋千的起源，可追溯到上古时代。

那时，我们的祖先为了谋生，不得不上树采摘野果或猎取野兽。在攀缘和奔跑中，他们往往抓住粗壮的蔓生植物，依靠藤条的摇荡摆动，上树或跨越沟涧，这就是秋千最原始的雏形。

山戎 春秋时期北方的一支较强大的少数民族。是匈奴的一支。活动地区在今河北省北部，后来成为北方少数民族的泛称。据史书记载，山戎部族以射猎禽兽为生，随畜牧而转移。公元前664年齐桓公兴兵救燕伐山戎，灭掉令支、孤竹山戎部族，约战国晚期，山戎逐渐销声匿迹。

秋千最早称为"千秋"，传说为春秋时代北方的山戎民族所创。开始仅是一根绳子，双手抓绳而荡。后来，齐桓公北征山戎族，把"千秋"带入中原。从此以后，荡秋千便成为寒食清明节等节日的民间游戏。

那么"千秋"又何以改为"秋千"这一称呼呢？据说古时，宫中以"千秋"为祝寿之词，取"千秋万寿"之意，人们为了避讳，便将"千秋"两字倒转为"秋千"。秋千这一称谓从此就被沿用下来。

最初，荡秋千只限于女子和小孩儿的游戏，后来，荡秋千逐渐成为男女皆宜的游戏。

古人荡秋千最初只是在清明、寒食节前后才有所见，而且仅仅局限于豪门贵族家的儿女游戏之用，直到南北朝时期，荡秋千才流行并盛行于大江南北，荡秋千发展为清明节习俗的重要内容。所以，古代清明节也称“秋千节”。

《荆楚岁时记》记载：

春时悬长绳于高木，士女衣彩服坐于其上而推引之，名曰打秋千。

鹤 寓意延年益寿。在古代是一鸟之下，万鸟之上，仅次于凤凰。明清一品文官的官服编织的图案就是“仙鹤”。同时鹤因为仙风道骨，为羽族之长，自古就被称为“一品鸟”，寓意第一。鹤代表长寿、富贵，据传说它享有几千年的寿命。

古时的秋千多用树枝丫为架，再拴上彩带做成。后来逐步发展为用两根绳索加上踏板的秋千。

民俗相传，荡秋千可以驱除百病，而且荡得越高，象征生活过得越美好。

在汉字中，“秋千”两字的古字均有“革”字旁，“千”字还带走字，意思是揪着皮绳而迁移。

随着发展，人们对传统秋千活动更是花样翻新。荡秋千的形式也由原来的单架式发展为“车链式”“八挂式”等多种。

车链秋千的制作是先竖

陈枚《月曼清游图》之九

荡秋千活动

一根木桩，将下端固定，再在上端设轴装一大车轮，轮上缚置4条木棍，各伸出一截于轮外，悬吊四挂秋千。而后在先竖的木桩下部横装推杆，推动推杆，秋千便旋荡起来。

八挂秋千是一种装饰华丽的亭式秋千，因悬挂八架秋千而得名。其主体骨架是一根可以转动的木柱，称“老杆”。老杆下端是转轴。

推杆与老杆绑结为一体，推动推杆使老杆转动。同时，以老杆为中心搭设圆形木台，中间设置枢纽，顶端搭成八角亭式伞形，装饰各色彩绸与玻璃镜等。

8个檐角高高挑起，每角悬挂一架秋千。人力推动推杆，八挂秋千便同时飘荡起来。绵山有“秋千岭”，也是历代荡秋千的场所。

荡秋千可以使人心旷神怡，锻炼身体和意志。无

亭 是我国传统建筑，多建于路旁，供行人休息、乘凉或观景用。亭一般为开敞性结构，没有围墙，顶部可分为六角、八角、圆形等多种形状。亭子在我国园林的意境中起到很重要的作用。亭的历史十分悠久，但古代最早的亭并不是供观赏用的建筑，而是用于防御的堡垒。

疑，这是一种有益的民间体育游艺活动。一些地方的群众认为，荡秋千能祛除疾病。这也许就是荡秋千能世代相传、经久不衰的原因。

荡秋千可分单人荡、双人荡、立荡、坐荡等。每个村镇都有自己的秋千高手，有时还要举行表演比赛。荡得最高最美的人很受乡邻的赞扬。荡秋千的这些日子里，也常常是青年男女相遇、接触的好机会。

此外还有两种特殊的秋千，“胡悠”和“过梁悠”。

“胡悠”也叫木驴。其做法是：主杆上端有个铁轴，轴头顶在横梁的正中间。横梁两头各吊一个小铁千。人或站或坐在两头的秋千上，边悠荡边转圈。

“过梁悠”是一种比较复杂的秋千。在牢固的木架上架一个方形大木轮，轮子四角各吊一副小秋千，四个人坐在踏板上，由其他人摇动摇盘，使大木轮转起来。秋千上的人随着大木轮子的转动，或高或低，自在悠荡，煞是惬意。

阅读链接

我国民间还有一种特殊的秋千“板不煞”。板不煞就是“摔不死”。

是在秋千架的横梁上穿一个辘轳头，上面绕一条粗绳两头垂下，其中一个绳头上固定一根脚踏棍。开始耍时，两只脚踏在踏脚棍上。两腿夹绳，两手紧拽另一个绳头，使绳子这头往下转，那头带着人往上升。

在秋千横梁上头的半圆形荆条吊着花生、糖果、香烟、酒等赏品。谁能升到上头，牢稳地固定在辘轳头上，再伸手向上去摸赏品，谁就是好样的。摸着哪一种奖品，就奖给这个人。

一般人往往上不去就摔下来，或者上去了没把紧辘轳头，又滑溜下来或摔下来，故名“板不煞”。由于秋千架下垫着松软的沙土或柴草，不会出危险，又称“摔不死”。

隆重的清明节宫廷馈宴

古代寒食清明节，是上至朝臣、下至百姓普遍看重的传统节日。节日期间有着丰富的活动内容。

然而，朝臣们所企盼的活动与百姓相比显然有着天壤之别。就是说，百姓们寒食节期间的活动内容无非是禁火、扫墓、插柳、踏青及从事一些事关节令的农事杂务。而皇家朝臣们则要在这一天追求诸如

古代寒食节画像砖

■古代寒食节泛舟

品茶、集宴、蹴鞠、泛舟、斗鸡、拔河、春赛一类高档次的活动。

在南北朝时期，帝王要在寒食节这一天馈宴群臣。

据史料记载：492年2月，因太华殿被毁，太极殿刚刚始建，这一年的寒食飨宴才只得作罢。

另据《时镜新书》记载，北齐的尚书右仆射监修国史官魏收，在寒食节馈赠给王元景粥食。

王元景回书说道：

始知令节，须御麦粥。加之以糖，弥觉香冷。

此后，至唐代，寒食清明节馈宴群臣已成为惯例，集宴的名目也趋于繁多。到宋代，王室对宰臣寒食节日的赏赐更加客观。

在馈宴之时，皇上还要带领群臣观看杂技表演、

尚书右仆射 尚书仆射为尚书令之副职。尚书后来称为省，尚书令阙，仆射便是尚书台的长官。汉成帝时期，罢宦官专用士人，置尚书五人，以一人为仆射，掌授廪、假、钱、谷。仆射初置一人，至199年置左右仆射，左仆射又有纠弹百官之权，权力大于右仆射。魏晋以后，仆射已处于副相地位，号称端副。

射人 古代官名。《周礼》中记载，夏官司马所属有射人，以下有府、史、胥、徒等人员。掌管公、孤、卿、大夫朝见王的位置，在旁赞相礼依然在射礼仪时，辅导周王发射，并助大司马演习射仪。其职多关礼仪，而以射仪为主，故为夏官司马之属。

娱乐。随着时代的发展，王室对宰臣寒食节日的赏赐更加可观了。

古代有法制规定，仆射、御史大夫、中丞、节度留后、观察、内客省使权知、开封府王等，来到寒食赉签赐羊酒和米面。立春时赐以春盘，寒食节赐以神馁和饧粥等。

又规定，在冬至、二社、重阳、寒食，枢密近臣、禁军大校，或赐宴其第。

古代帝王馈宴的礼仪程序很是复杂。膳宰要在路寝东边准备群臣的饮食。乐人为宴饮挂上新的钟磬。在东阶的东南方对着东边屋檐滴水处放置洗和篚。

罍和水在东边。篚在洗的西边，靠南陈设。盛饭食的篚在它的北边，朝西。司宫在东楹柱的西边置两个方壶。两个方壶的左边放玄酒。

古代帝王馈宴图

国君专用的酒器两个，遮盖的巾用粗葛布和细麻

■朝堂赐宴雕塑

布，在方壶的南边，以南边为上位。在寝门的西侧为已入官而未受正禄之士设两个圆壶。司宫在户西为宾设席，以东边为上位，没有增加的席。

届时，主持宴礼的人报告国君：“准备完毕。”

小臣在东阶上为国君设席，席头朝西，设置加席。国君登堂在席位上就座，面向西。

接着，小臣再引卿大夫，卿大夫皆从门的右边进入，面朝北，以东为上位。士站立在西边，面朝东，以北边为上位。祝史站立在门的东边，面朝北，以东边为上位。小臣之长一人在东堂下，面朝南。已入官而未受正禄之士站立在门的西边，以东边为上位。

国君下堂站立在东阶的东南，面朝南，向卿揖礼，卿进前面朝西以北为上位；向大夫揖礼，大夫皆稍前进。射人再向国君请命主宾。

国君说：“命某大夫为主宾。”

射人把国君的命令转告主宾。主宾稍进前，推辞“自己不敏”。射人又把主宾的言辞报告给国君。国君再次命令，往复两次主宾再拜稽首，答应。

罍 是商朝晚期至东周时期大型的盛酒和酿酒器皿，有方形和圆形两种形状，其中方形见于商代晚期，圆形见于商朝和周朝初年。从商到周，罍的形式逐渐由瘦高转为矮粗，繁缛的图案渐少，变得素雅。

堂 正房，高大的房子，可以用来表示同祖父的亲属关系。旧时官吏审案办事的地方也被称作堂，还可以用作量词。我国一些老字号的中医药店，多以“堂”相称，如济生堂、同仁堂、长春堂等。

卿大夫 西周、春秋时国王及诸侯分封的臣属。规定要服从君命，担任重要官职，辅助国君进行统治，并对国君有纳贡赋与服役的义务。但在其分封管辖区域内，为一辖之主，世代掌握所属都邑的军政大权。通常，卿的地位较大夫为高，卿的田邑较大夫为多，并掌握国政和统兵之权。

射人再次向国君报告。主宾走出站立于门外，面朝东。国君向卿大夫拱手行礼，然后登堂就席。小臣自东阶下，面朝北，请拿瓦大盖巾和进献食物的人。命令拿盖巾的人，从西阶登堂，站立在方壶南边，面朝北，以东边为上位。

然后，膳宰向诸公卿进献美味的食物。射人引主宾进。主宾进入，到堂前，国君走下一级台阶，向主宾拱手行礼，国君登堂就席。

主宾从西阶登堂，宰夫代国君主持宴饮者也从西阶登堂。主宾在右面，面朝北，宰夫为主宾到来行再拜礼。主宾再拜答礼。

待洗手完毕，宰夫在筵席前进献主宾。主宾在西阶上拜谢，在筵席前接受酒爵，回到原位。宰夫在主宾右边为送上酒爵行拜礼。

宋代帝王馈宴图

膳宰进献干肉、肉酱，主宾登上筵席。膳宰摆上

盛牲体骨的俎。主宾坐下，左手拿酒爵，右手祭干肉、肉酱，把酒爵放在祭物的右边，宴饮才算正式开始。

古代宴饮图

寒食清明节是重大的节日，一些朝代为了使这一天的皇帝馈宴兴致不受干扰，还特定了许多特别的律令。其中，就有规定各诸陵守官，寒食清明节期间不得强拉百姓办杂差等。

到后来有的律令规定：京师隶、将作、女子隶和少府缝作，均给假一天；腊八和寒食均给假两天；禁大寒食以鸡卵相馈送等。

据《册府元龟》载，五代后晋出帝下诏：四京诸道、州府，处决罪犯，遇大祭祀，正冬、寒食、立春、夏雨未晴，以上并不得行极刑。如有已断案，可取次日及雨雪后施行。

由此看来，清明寒食已成为当时法定的节假日，人们在这一天欢饮娱乐及所进行的活动，已明显带有政令的色彩。

阅读链接

后来，帝王在寒食清明节馈宴中减少了蹴鞠、拔河等竞技类活动项目，增加了观花、赋诗等高雅内容。

每当宴饮完毕，直至酒酣之际，百官各赋奉诏赏花诗，帝也作诗分赐之。或赐五言诗，或赐七言诗，有时还特赐群官入观皇上御书。

保健功效的寒食节美食

在古代，清明这一天有吃“饧大麦粥”的习惯。据《荆楚岁时记》记载，寒食“禁火三日，造饧大麦粥”。此粥的做法是，先将大麦磨成麦浆，煮熟，再将捣碎的杏仁拌入，冷却后切成块状，吃时在上面浇上饴糖即可。这是有记载的最早的清明节食品。

北魏贾思勰在《齐民要术》中，也介绍了一种清明节冷食，叫作

古代画像砖

■古代清明节冷食

“寒具”，其实这是一种甜面饼。“以蜜调水溲面，若无蜜，煮枣取汁。牛羊脂膏亦得。用牛羊乳亦好，令饼美脆。”这也是一种冷食，吃起来香甜酥脆。

按曹操《明罚令》，晋阳一带士民冬至后很长时间皆绝火寒食，李岳的运大麦车清明节方到，自然耽误了时机。这则故事还说明，晋阳人寒食节有用大麦煮麦粥、食麦粥的习俗。

东晋陆翙在《邺中记》记载并州之俗，说道：

冬至后百五日为介之推断火，冷食三日作乾粥，中国以为寒食。

南朝梁宗懔撰写的《荆楚岁时记》，记录古代楚地岁时节令风物故事的笔记体文集中也记载：

孙楚祭介之推云：“饧一盘，醴酪两盂。今寒食有杏酪、麦粥，即其类也。”

孙楚（约218—293），西晋诗人。史称其“才藻卓绝，爽迈不群”，多所陵傲，故缺乡曲之誉。魏末，孙楚已40多岁，才入仕为镇东将军石苞的参军，后为晋扶风王司马骏征西参军，晋惠帝初为冯翊太守。刘义庆的《世说新语》载其轶事。

■ 古代清明节饮食场景

雕刻 对雕、刻、塑三种创制方法的总称。指用各种可塑、可雕、可刻的硬质材料创造出具有一定空间的具有可视、可触的艺术形象，借以反映社会生活、表达艺术家的审美感受、审美情感和审美理想的艺术。其历史悠久、技艺精湛的各种雕塑工艺，是我国工艺美术中一项珍贵的艺术遗产。

按南北朝时期农业科学家贾思勰的《齐民要术》中讲，煮醴酪即为麦粥。

另据唐玄宗时期学者丘悦编写的史书《三国典略》记载，邺城人李岳为门客说服，用本钱广收大麦，用车运往晋阳，以求寒食节在晋阳一带卖高价。

由于路途耽误，结果车到晋阳已是清明节令，无奈又载回邺城。

到了五代，除了一般的冷食粥饼以外，还加上了制作“艺术”鸡蛋的习俗。清明节“艺术”蛋大致分为两种，一种是“画蛋”，就是在蛋壳上染上各种颜色，只不过颜色不同而已。

另一种则是“雕蛋”，在蛋壳上雕刻成画，这需要高超的技术，这种蛋仅供赏玩。

明代陈继儒的《珍珠船》也记载在南朝时：

梁武帝寒食赐麦粥。

粥也称糜，是一种把稻米、小米或玉米等粮食煮成的稠糊的食物。依照元代医学家罗天益在《宝鉴》一书中记载：粳米、粟米做成的粥，气味淡薄，阳中带阴，所以清淡舒畅，能利小便。

古人都极力称赞粥的养生保健功效，在长寿之乡，许多老人就是通过坚持早晚喝粥，治好了胃痛、失眠和便秘的毛病。

这就是五谷都能治病的原理。吃粥既节省时间，味道又美，喝完粥后睡一觉，妙不可言，人们都称粥有很大的益处。

寒食粥品类繁多，洛阳人家亦有食桃花粥和梅花粥的习俗。具体做法是，收取落花瓣，洗净后用水煮粥，候粥熟，再将花瓣下锅，一滚即起食。

此外，还有一种冬凌粥，其为寒食节的高档食品，普通人家很难享用。旧时有商家，每逢节日专卖

五谷 古代所指的五种谷物。“五谷”在古代有多种不同的说法，最主要的有两种：一种指稻、黍、稷、麦、菽；另一种指麻、黍、稷、麦、菽。两者的区别是：前者有稻无麻，后者有麻无稻。古代经济文化中心在黄河流域，稻的主要产地在南方，而北方种稻有限，所以五谷中最初无稻。

古代清明节食俗

清明节传统食品馓子

这一名食，寒食节专卖食品，必少不了冬凌粥。当时，朝有掌饮膳酒礼的食官，律法规定：凡是元旦、寒食和冬至，都要专门供送食品给六品以上的朝官。

粥作为食品，很适合肠胃不适的人食用。粥能增强食欲，缓解体力生病时的食欲不振。与清粥搭配一些色泽鲜艳又开胃的食物，例如梅干、甜姜、小菜等，既能促进食欲，又为虚弱的病人补充体力。此外，人们在寒食节期间不仅要吃凉粥，还要吃煮鸡蛋、盐醋拌生菜等。

我国南北各地清明节都有吃馓子的食俗。“馓子”古时叫寒具，是一种用糯粉和面扭成环的油炸面食品，味道香脆精美，口感极佳。

北魏著名农学家贾思勰在《齐民要术》中就详细记载了三国两晋南北朝时期寒具的制作方法。

“馓子”历代又有“粔籹”“细环饼”“捻头”

冬至 我国农历中一个非常重要的节气，俗称“冬节”“长至节”“亚岁”等。早在2500多年前的春秋时代，我国就已经用土圭观测太阳，测定出了冬至，是二十四节气中最早制订出的一个，我国北方大部分地区在这一天还有吃饺子、南方吃汤圆吃南瓜的习俗。

等名称。是用水和面，搓成细条，扭结为环钏形状，油炸而成。因其酥脆香甜，逐渐成为我国人民的日常点心。

在安徽，每逢节日，则以“馓子”祭祖并互相馈赠。回族、东乡族也做馓子，配料、方法和汉族不尽相同。馓子，用面粉制成，细如面条，呈环形栅状。后来，流行于汉族地区的馓子有南北方的差异：北方馓子大方洒脱，以麦面为主料；南方馓子精巧细致，多以米面为主料。

在少数民族地区，馓子的品种繁多，风味各异，尤以维吾尔族、东乡族和纳西族以及宁夏回族的馓子最为有名。

对于寒具，通常的解释是，古人过寒食，一天早晚不动烟火，只能吃冷食，而吃冷食对人的肠胃又没好处，远不如油炸食品容易储藏，且不伤肠胃，于

《齐民要术》
北魏时期的杰出农学家贾思勰所著的一部综合性农书，也是世界农学史上最早的专著之一，是我国现存的最完整的农书。书名中的“齐民”，指平民百姓。“要术”指谋生方法。《齐民要术》系统地总结了农牧业生产、加工与贮藏、利用等，对我国古代农学的发展产生重大影响。

清明节传统食品馓子

是，人们便提前炸好一些环状面食，作为寒食期间的快餐。

既是寒食节所具，就被叫作“寒具”了。这类解释未必可靠，但是暂时还没有更可靠的解释。贾思勰在《齐民要术》里讲到寒具，说明寒具在两晋就已是一种流行食品。

我国民间比较著名的馓子包括衡水馓子、济宁馓子、徐州馓子、淮安茶馓、回乡馓子、麻衣馓子等。

衡水的油炸馓子以其香脆、咸淡适中、馓条纤细、入口即碎的特点，赢得人们的喜爱。董仲舒在衡水任职期间就非常喜食这种馓子。

衡水民间常用馓子泡汤，配以延胡索、苦楝子治疗小儿小便不通；用地榆、羊血炙热后配馓子汤送下，治疗红痢不止。尤其是产后妇女，在月子里喝红糖茶泡馓子，以利于散腹中之瘀。不过衡水最喜爱的食法是直接吃馓子，有时配以稀粥，吃起来惬意舒坦。

济宁馓子中要数王家馓子最为出名。创始人王宪章老先生根据馓子的传统工艺，通过多年的探究，研制出具有独自特色的细条馓子，香酥可口，色味俱佳，很快受到了消费者青睐。

王老先生之子王立平继承王家馓子传统工艺，改良技术，继续弘扬济宁饮食文化，使王家馓子在济宁成为家喻户晓的地方名吃。

徐州人爱吃的主要是蝴蝶馓子、烙馍卷馓子。徐州的蝴蝶馓子以其香脆、咸淡适中、馓条纤细、入口即碎的特点，深受人们的喜爱。

徐州的蝴蝶馓子外形美观，口感颇佳。

淮安茶馓是江苏省知名传统点心，可谓是历史悠久，驰名中外，是中华名小吃之一。其色泽嫩黄，造型秀丽，松酥香脆，独具风味。

茶馓是用红糖、蜂蜜、花椒、红葱皮等原料熬成的水和适量的鸡蛋、清油和面，然后反复揉压，搓成粗条，捻成面团，搓成或抻成由粗细匀称、盘连有序的圆条构成环状物放入油锅炸至棕黄色即成。

在西北地区的人们都有吃馓子的习惯，叫回乡馓子。一般情况下，这里汉族选在腊月底制作回乡馓子，过年时招待客人，在正餐前食用。而回族、撒拉族等一些少数民族的群众，在每年欢度传统的古尔邦节、尔德节、圣纪节，以及婚丧大事中，都把馓子作为待客的主要面食食品。

麻衣馓子色泽黄亮，香脆味甘。过春节，有的汉族人家也请少数民族邻里巧手帮做油馓子，用以招待兄弟民族客人，可见油馓子亦成为各族人民共同喜爱的名点美食了。

馓子也是信仰伊斯兰教少数民族的风味名点之一，由于地区不同，也别称膏环、捻头等。

在古尔邦节和肉孜节，家家户户的餐桌上，都有一盘黄澄澄的多

清明寒食馓子

层的圆柱形的油馓子。

在宁夏各地，每逢节日喜庆，回族妇女便各显身手，做出图形各异的多种馓子，点缀节日气氛。

当客人来到时，宾主互致节日问候。客人入座后，主人首先掰下一束油馓子递到客人面前，然后斟上香喷喷的奶茶或茯茶，殷勤地给客人泡上主人喜欢食用的新疆石河子产的方块糖。客人吃着油馓子喝着茶，主人高兴地连声说“谢谢”，感谢客人的光临。

馓子最常见的吃法，是用烙馍卷之。烙馍既不同于北方的单饼，也不同于很多地方都有的煎饼。烙馍作为一种徐州特有的面食，已有2000多年的历史了。

相传楚汉相争时，刘邦率兵与项羽作战，因刘邦的军队纪律严明而深受徐州老百姓的拥戴。为了能让行军途中刘邦的军队吃上一顿饱饭，徐州的老百姓急中生智，发明了这种既简捷快速又方便实惠的面食，这便是流传至今的著名小吃——馓子。

阅读链接

关于寒具还有个典故。

东晋时有个大将叫桓玄，此人附庸风雅，收藏了大量名贵书画，又爱显摆，每有朋友登门，就拿出来让人一同观赏。

一日，桓玄广邀宾客，大摆宴席，酒足饭饱之后，又取出一幅珍品请人品评。

那天的饭食当中有寒具，桓玄的客人吃寒具就像我们今天吃麻花那样，用手抓着往嘴里塞，一顿饭下来，手上都沾满了油，当大家在桓玄那幅画作上指指点点之时，油印子就转移到了画上，好好一幅画就这样被糟蹋了。

桓玄心疼得要命，从此吸取教训，再请人吃饭一律不上寒具了。

各地不尽相同的清明食俗

关于清明食俗，一定要提到闽东畲族的乌稔饭。每年的三月初三，畲族人民家家户户都要煮食乌稔饭，并以此馈赠给汉族的亲戚朋友们。

畲族人物塑像

久而久之，当地的汉族人民也有了清明时吃乌稔饭的习俗。特别是拓荣县民间，每年都要用乌稔饭来祭祀，可见我国自古以来就是一个民族和睦相处的大家庭。

据畲族民间传说，唐代的畲族英雄雷万兴被围困山中时，正赶上严冬粮断。畲军只得采摘乌稔果充饥。雷万兴遂于农历三月初三率众

畲族人物画

下山，冲出重围。

从此以后，每到三月初三，雷万兴总要召集兵将设宴庆贺那次突围胜利，并命畲军士兵采回乌稔叶，让军厨制成乌稔饭，让全军上下饱食一顿，以示纪念。

乌稔饭的制作方法并不繁杂，将采摘下来的乌稔树叶洗净，放入清水中煮沸，捞去树叶，然后，将糯米浸泡在乌稔汤中，浸泡9小时后捞出，放在蒸煮笼里蒸煮，熟时即可食用。

制好的乌稔饭，单从外表来看，不甚美观，颜色乌黑，然而米香扑鼻，与一般糯米饭相比，别有一番风味。而畲族人民为了纪念英雄，此后每年的三月初三都要蒸乌稔饭吃，日久相沿，就成为畲家风俗。

又因闽东一带畲汉杂居，人民历代友好相处，遂使食乌稔饭也成了闽东各地各民族共同拥有的清明食俗。

畲族乌稔饭自唐代以来就是畲族同胞过节的传统食品，它来自大自然乌稔树的绿色树叶泡制而成的色香味和开胃健脾、驱湿膳疗作用，是男女老幼四季皆宜的绿色食品。

乌稔饭可冷冻保鲜60天以上，用时经解冻后再蒸，热透后即可配料制作各种佳肴。此外，闽东各地无论城乡大多吃“芥菜饭”，据说吃了这种饭就可以终年不长疥疮。

而且在这段时间里，在闽东许多城乡中还可以吃到一种富有闽东特色的食品，那就是春菊和金樱子花拌到磨好的米浆里，烙熟为时令小吃，这种小吃颇富乡野风味。

在我国的一些地方，清明节有吃鸡蛋的食俗。民间习俗认为，清明节吃个鸡蛋，一整年都有好身体。清明吃鸡蛋习俗，在我国已经有几千年的历史了。

煮鸡蛋用的是冬天麦田里的荠菜，整株带根洗净，将鸡蛋稍稍敲破一点，使之更加入味。煮好的鸡蛋有浓浓的荠菜青香味，据说这种蛋还有治疗头昏的功效呢。

在农村的一些地区，还有儿童之间“撞鸡蛋”的习俗。小孩儿们还喜欢相互碰熟鸡蛋，如果哪个孩子的鸡蛋皮结实，把其他孩子的鸡蛋皮都碰破了，那么这个孩子就是最骄傲的。

清明节前一天为寒食节。后因寒食和清明相连，逐渐合为一个节日，但节前蒸“子推馍”的习俗，在陕北的榆林和延安两地一直流传至今。

“子推馍”，又称老馍馍，类似古代武将的头盔，重约0.25至0.5千克。里面包鸡蛋或红枣，上面有

畲族 我国少数民族之一，原分布在闽、粤、赣三省结合部，是闽南、潮汕的主要原住民之一。元、明、清时期，从原住地陆续迁徙到闽东、浙南、赣东、皖东南等地山区半山区。畲族自称“山哈”，是与他们的居住环境、迁徙历史有关。“山哈”是指山里客人的意思。

山西子推馍

炕 又称火炕，或称大炕，是北方居室中常见的一种取暖设备。古时满族人也把它引入了皇宫内。盛京皇宫内多设火炕，而且一室内设几铺，这样既解决了坐卧起居问题，又可以通过如此多的炕面散发热量，保持室内较高的温度。东北人住火炕的历史，至少有千年以上。

顶子。顶子四周贴面花。面花是面塑的小馍，形状有燕、虫、蛇、兔或文房四宝。

圆形的“子推馍”是专给男人们享用的。已婚妇女吃条形的“梭子馍”，未婚姑娘则吃“抓髻馍”。孩子们有燕、蛇、兔、虎等面花。“大老虎”专给男孩子吃，也最受他们喜欢。

父母用杜梨树枝或细麻线将各种小面花穿起来，吊在窑洞顶上或挂到窗框旁边，让孩子们慢慢享用。风干的面花，能保存到第二年的清明节。

晋南地区民间习惯吃凉粉、凉面、凉糕等，同时民间还要蒸大馍，中夹核桃、红枣、豆子之类，称为子福。取意子孙多福，全凭祖宗保佑。

家家还要做黑豆凉粉，切薄块灌汤而食。铲蒇蕤草，在炕席上搓拉，名为“驱蝎”。

■ 晋南大馍

浙江湖州炒螺蛳

在陕西宜川地区，民间有：

做馒头相馈，上缀多样虫鸟，名为子推，谓晋文公焚山，禽鸟争救子推也。

上海旧时，用柳条将祭祀用过的蒸糕饼团穿起来晾干，到立夏那天，再将其油煎，给小孩儿吃，据说吃了以后不得疰夏病。

上海还有吃青团的习俗。将雀麦草汁和糯米一起捣合，然后包上豆沙、枣泥等馅料，用芦叶垫底，放到蒸笼内。煮熟出笼的青团色泽鲜绿，香气扑鼻。《清嘉录》云：

市上卖青团、熟藕，为居人清明祀先之品……今俗用青团红藕，皆可冷食，犹循禁火遗风。

祭品 即祭祀时用的物品。根据不同种族和不同地域，祭品的形式十分丰富，有动物如猪、牛、羊、鸡，也有植物，还可以是衣物等物品。在远古时代和愚昧时代，甚至拿活生生的人作为祭品；暴政时期也曾出现过用活人陪葬与祭祀的情况，十分残忍。

清人《锦城竹枝词》有诗云：

欢喜庵前欢喜团，春郊买食百忧宽。
村醪戏比金生丽，偏有多人醉脚盆。

在浙江湖州，清明节家家裹粽子，不仅可作上坟用的祭品，也可做踏青带的干粮。

俗话说：“清明粽子稳牢牢。”

另外这里清明前后，螺蛳肥壮。俗话说：“清明螺，赛只鹅。”因此这里有清明吃螺蛳的习惯，这天用针挑出螺蛳肉烹食，叫“挑青”。吃后将螺蛳壳扔到房顶上，据说屋瓦上发出的滚动声能吓跑老鼠，有利于清明后的养蚕。

祠 是为了纪念伟人名士而修建的供舍，这点与庙有些相似，因此也常常把同族子孙祭祀祖先的处所叫“祠堂”。东汉末年，社会上兴起建祠抬高家族门第之风，甚至活人也为自己修建“生祠”。由此，祠堂日渐增多，形成了独特的民风。

■山西清明节面食

清明节这天，这里还要办社酒。同一宗祠的人家在一起聚餐。没有宗祠的人家，一般同一高祖下各房子孙们在一起聚餐。社酒的菜肴，荤以鱼肉为主，素以豆腐青菜为主，酒以家酿甜白酒为主。

每到清明时节，泉州人有吃“润饼菜”的食俗。据说，这是古时寒食节食俗之遗风。

山西清明节面食

“润饼菜”的正名是春饼。清明吃润饼，不仅是泉州独有的，厦门人也喜好。相传开这种吃法之先河的，是明朝总督云贵湖广军务的同安人蔡复一。当时同安属泉州府辖，因此这种吃法便流传开来，在闽南成了家常名品。不过，闽南各地的春饼形式相同，内容却有很大不同。

泉州的“润饼菜”是以面粉为原料擦制烘成薄皮，俗称“润饼”或“擦饼”，吃的时候铺开饼皮，再卷入胡萝卜丝、肉丝、蚵煎、芫荽等菜肴，吃起来甜润可口。

晋江的“润饼菜”却复杂得多，光主料就有豌豆、豆芽、豆干、鱼丸片、虾仁、肉丁、海蛎煎、萝卜菜。还有一些配料：油酥海苔、油煎蛋丝、花生敷、芫荽、蒜丝。吃的时候必须要两张“润饼皮”才

蔡复一 字敬夫，号元履，福建同安人，1577年生人。他自幼聪明过人，12岁时便写出万余言的《范蠡传》。蔡复一为官，奉守“报国以忠心，担国事以实心，持国论以平心”之旨，以“正己不求”律己，为许多正直官员所称许。蔡复一博学多才，工诗、能文，一生著作颇丰。

能保证卷上所有的菜。这种脆嫩甘美、醇香可口的美味，一般人两卷足矣。

南方一般以糯米粉制作清明节食物。在浙江临安，人们常用嫩莲拌糯粉，做成狗的形状，蒸熟叫作清明狗。家里有几口人就要做几只，每人吃一只。民谚曰："吃了清明狗，一年健到头。"也是图一个吉利。

山西南部还有一种叫"子福"的面食，是在一只大馒头中插一只鸡蛋，或者核桃，再用面捏出蛇、蝎、蜈蚣等形状，绕在鸡蛋旁边，造好型后，上笼蒸熟。在清明节那一天人们将"子福"用作上坟的供品祭祀祖先。祭祀之后，大家分食。据说，吃了"子福"能给后代带来幸福。

在山西霍县和山东胶东一带，有一种面塑食品叫"蛇盘盘"，将面捏成单头蛇或双头蛇，蒸熟后放凉，祭祖时拿到祖先墓前作为供品。祭祀时，人们拿着"蛇盘盘"先绕坟头转一圈，祭祀后就可以吃了。吃时要先咬掉蛇头，意思是"灭毒头，免灾祸"。

阅读链接

在晋北地区，清明节习惯以"炒奇"，即将糕面或白面蒸熟后，切成骰子般大小的方块，晒干后炒黄，作为寒食日的食品。

在一些山区，这一天还要全家吃炒面，即将五谷杂粮炒熟，磨成面，拌以各类干果脯。

在晋北地区，清明节还习惯生黑豆芽，并用玉米面包黑豆芽馅食用。晋西北地区，清明节讲究用黍米磨面做饼，俗称"摊黄儿"。

随俗雅化

唐代，唐玄宗把寒食节定为全国法定节假日，极大地提高了寒食节的影响和地位。

寒食清明节是在有些寒冷的春天，又要禁火吃冷食。人们担心有些老弱妇孺耐不住寒冷，也为了防止寒食冷餐伤身，便定了一些喜闻乐见的户外活动。

到了隋唐五代时期，镂鸡子、斗鸡卵、走马习俗、斗鸡习俗、吃乌稔饭、吃煮鸡蛋、吃子推馍食俗，以及在盛唐得以兴盛的马球运动等，成了节日里较为常见的节日习俗。

特别是北魏、辽、金、元、明和清代兄弟民族的人民，对寒食节俗的认同和参与，通过寒食文化的交流、融合，对促进民族团结和政权巩固，具有潜移默化的巨大作用。

寒食节首次成为法定节日

唐代节令众多，最隆重的有八节，即元日、上元、中和、寒食、上巳、中秋、重阳、冬至。其中寒食最受到人们重现。

寒食清明，一则节日祭祖，文人们不免思乡念亲，神牵魂绕；二则万象更新，百般随意，文人借景生情，感慨尤多；三则寒食节史话

唐代寒食节娱乐活动

■白居易（772—846），唐代伟大的现实主义诗人，中国文学史上负有盛名且影响深远的诗人和文学家。他有“诗魔”和“诗王”之称。官至翰林学士、左赞善大夫。有《白氏长庆集》传世，代表诗作有《长恨歌》《卖炭翁》《琵琶行》等。

悠长，文人学识博闻，鉴古喻今，灵感顿生。

寒食清明节本是国人共度的节日，但其与诗人更有着不解之缘。

唐代诗人白居易《赋得何处难忘酒》诗句道：

何处难忘酒，朱门羡少年。
春分花发后，寒食月明前。
小院回罗绮，深房理管弦。
此时无一盏，争过艳阳天？

在诗人心目中，人生最难忘的事，不是他乡遇故知和金榜题名时一类的喜事，而是寒食节难得有酒喝。此情非白居易一人的感受。

在敦煌文书中，存有唐代进士王泠然的《寒食篇》。书中记载的内容反映出唐人对寒食节的看法，诗道：

天运四时成一年，八节相迎尽可怜。
秋贵重阳冬贵腊，不如寒食在春前。
焚火初从太原起，风俗流传几千祀。
算取去年冬至时，一百五日今朝是。

唐代寒食节仕女赏花图

在唐代，上至宫廷，下至民间，都把寒食节视为重要的节令。人们会围绕寒食节展开一系列特点鲜明、格调突出的节令活动，其风俗也十分兴盛。

唐玄宗顺应民意，颁诏将寒食节拜祭扫墓编入《开元礼》中，并定为全国法定长假。

丰富多样的寒食清明活动，充实了社会生活，增进了社会人际和谐关系，对缓解社会矛盾，推动社会不断前进起了重要作用。

唐代寒食放假，也恩及官户和奴婢。据《唐六典》记载：官户和奴婢在元日、冬至和寒食三个节日，都要放三日假。

官户和奴婢是唐代等级最低下的人，一年到头苦于役使，仅有3次假休，而寒食就是其中之一。由此可见，寒食节在唐代整个社会生活中的地位是非常重要的。

这一时期，人们过寒食节不仅要求禁烟冷食，同时又增加了斗鸡、扫墓、踏青、荡秋千、馈宴、镂鸡子、蹴鞠和品新茶等内容。

后世传承唐代的习俗，寒食节

又新增一项规定，即放假7天。寒食节活动又增加了赋诗、赏花、馈赠、斗百草、打瓦和放风筝等等内容。

《全唐诗》卷李崇嗣的《寒食》记载："普天皆灭焰，匝地尽藏烟。万井人家初禁火，九原松柏自生烟。"《和宋之问寒食题临江驿》记载："闻道山阴会，仍为火忌辰。"《奉天寒食书事》记载："处处无烟火，人家似暂空。"

诗人们反映寒食节的作品比比皆是，唐代诗人李商隐，寒食夜里住在绵山脚下的冷泉驿，写出了禁火感受：

元稹（779—831），字微之，别字威明，唐代中晚期著名诗人，官至宰相。父亲名为元宽，母亲郑氏，为北魏宗室鲜卑族拓跋部后裔。早年和白居易共同提倡"新乐府"。世人常把他和白居易并称"元白"。代表作品有《菊花》《离思五首》《遣悲怀三首》《兔丝》等。

介山当驿秀，汾水绕关斜。
自怯春寒苦，哪堪禁火赊。

李商隐雕塑

寒食禁烟连皇宫内都不例外。唐代诗人元稹在《连昌宫词》中有"初过寒食一百六，店社无烟宫树绿"的诗句；北宋文学家李方叔的《寒食》道："千株密炬出严闉，走马天街赐近臣。"宋人宋白《宫词百首》道："寒食宫中也禁烟，郁金堂北画秋千。"

寒食节禁烟，尽管皇家有灵活机动的对策，但寒食传统习俗禁火冷食，连皇室也受到约束，

皮影戏“崔护取水”

这确是事实。这些诗咏，说明了唐代寒食节时家家灭火，从南到北，风俗如一。

寒食灭火，意在敬重介之推，唐人心目中依然保留着一定程度的怀旧成分，这一点也可从唐人诗歌中搜寻出来。

《全唐诗》说道：

子推言避世，山火遂焚身。
四海同寒食，千秋为一人。
处处哭声悲，行人马亦迟。
店闲无火日，村暖斫桑时。
泣路同扬子，烧山忆介推。

当然，唐人过寒食节，主要的目的已不是纪念前贤，而是眷恋春光妩媚的自然环境和丰富多彩的游乐活动。

所以，唐代诗人咏及寒食节，追怀介之推的人很少，而描述当时民俗风情的人却有很多。其中还有一

《全唐诗》 清朝初年编修的汇集唐代诗歌的总集，全书共900卷。共收录唐代诗人2529人的诗作42863首。1705年，曹寅、彭定求、沈立曾、杨中讷等奉敕编纂，成书于第二年。是我国规模最大的一部诗歌总集。

段动人的故事。

据传，唐代的岭南节度使崔护，早年科举进士不第。清明节独游城南，因酒渴思水，向一民居叩门，一女子开门迎之，复取出水让喝时，独靠在桃树下伫立。崔护喝完谢别，女子送至门外，露出不胜之情。

第二年清明节，崔护又访寻到此家。叩门半天，无人接应，于是在门上写道：

去年今日此门中，人面桃花相映红。
人面不知何处去，桃花依旧笑春风。

数日后，崔护又复去，有老父出门说："吾女知书，还未聘人。去年以来，常恍惚若有所失。前日出门看到所题诗句，回家后遂不食，现已昏死去数日！"

崔护听罢，赶忙急奔入家，见其女还躺在床，忙举女子的头哭说："崔某来也。"其女仿佛有预感，开目复活。老父家人皆喜，并愿将女儿许配给崔护。

在《全唐诗话》中，有一则唐代帝王由寒食诗引

崔护 唐代诗人。他于796年登进士及第。829年为京兆尹，同年为御史大夫、岭南节度使。《全唐诗》存诗6首，尤以《题都城南庄》流传最广。该诗以"人面桃花，物是人非"看似简单的人生经历道出了千万人都似曾有过的生活体验，也为诗人赢得了不朽的诗名。

皮影戏"崔护取水"

《清明》诗意图

出的笑话。

唐德宗在位时，诗人韩翃写了一首嘲讽在禁火时节，皇宫使用偷梁换柱术，以赐臣僚蜡烛代替禁烟的《寒食》诗。没想到四句诗轰动一时，连唐德宗都赞赏不已。

780年，德宗亲自御批，要调韩翃到皇宫任驾部郎中知制诰，即为帝王草拟令文。

当时，有两个叫韩翃的人，一个是写寒食诗的韩翃，一个是刺史宰相。当时写诗的韩翃，正远在夷门即开封为李勉幕属。传唤官起初以为是调刺史宰相，因拿不准请示皇帝。

德宗又御批道：

春城无处不飞花，寒食东风御柳斜。
日暮汉宫传蜡烛，青烟散入五侯家。

接下来德宗又批：“要此韩翃。”

邸报送到夷门，韩翃开始还不敢相信。送邸报者拿出御批道：此诗不是官人写的？

韩翃一见大喜，连声说：“是啊，是我不错啊！”于是，韩翃因此诗而飞黄腾达。

清明节由一个单纯的农业节气，上升为重要的大

刺史 古代官职，汉初，文帝以御史多失职，命丞相另派人员出刺各地，不常置。公元前106年，汉武帝始置。“刺”是检核问事之意，刺史巡行郡县。刺史制度在西汉中后期得到进一步发展。王莽称帝时期刺史改称州牧，职权进一步扩大，由监察官变为地方军事行政长官。

节日了，寒食节的影响也就逐渐消失了。但寒食的食俗，有的以变形的方式被传承了下来，并保存于清明节中。而寒食扫墓的习俗也被移到清明节中。踏青春游、荡秋千等习俗，也只在清明时举行。

晚唐时期著名诗人杜牧有一首流传千古的绝句《清明》，诗道：

清明时节雨纷纷，路上行人欲断魂。
借问酒家何处有，牧童遥指杏花村。

清明这个节日，本来就容易勾起出门在外人的思归之念，而春雨绵绵，更增添旅途的愁苦和艰辛。这样一种复杂的思绪，诗人却用一句极通俗的语言，做了很好的概括。

这首诗对旅途情景的描绘，旅人情怀的抒发，真实自然，把作者内心在清明时节，欲言又止的思念情愫表达得淋漓尽致，从而成为清明诗中最脍炙人口的一首。

纵观历史，寒食清明节不仅对我国古代历史变迁、社会意识形态进行了充分的反映并产生了重大影响，而且对我国文学、艺术、传统文化等多方面，均形成了极为深远的影响。

阅读链接

唐代官方规定，寒食节放假7日，大小官吏及军队将士均可休息，长期以来已成惯例，其假期之长，在唐朝各节日中位居其首。

当时，唐代重要的藩镇淄青镇，曾长期处于割据状态，全镇之内，日修战备，约束甚严，节令娱乐也受到了严格的控制。

819年，唐朝平定淄青镇，田弘正出任节度使，采取了许多安定民心的措施，其中就包括寒食节依旧放假7日，并允许百姓任意游乐。寒食节的7日假日，从都城到州镇已约定俗成。

丰富多彩的清明节游戏娱乐

在唐朝，上坟扫墓、改火、治蚕室、斗鸡、打马球、蹴鞠、拔河、荡秋千、宴饮、踏青、插柳等，都已成了清明的习俗活动。

春游图

踏青活动在唐代尤为盛行，清明踏青之盛况，唐代诗人杜甫就曾记载皇家游春踏青的盛景："三月三日天地新，长安水边多丽人。"千百年来，踏青渐成一种仪式，"逢春不游乐，但恐是痴人。"白居易的《春游》诗正是这种心境的写照。

唐代以前，拔河从军营传到民间，到唐代又从民间进入宫廷，致使这一运动上至皇帝下至百姓都极为提倡，并在朝野、民间盛行。

《封氏闻见记》中记载：

拔河，古谓之牵钩，襄、汉风俗以正月望日为之。相传楚将伐吴，以为教战。

《春游晚归图》

《封氏闻见记》还记载，唐代拔河采用的是木麻制绳，绳长约为40丈到50丈。典籍里还详细描述了唐代拔河运动的盛况。唐中宗与唐玄宗时期，朝廷对拔河运动十分推崇，该运动因此在皇宫内外非常盛行。

710年清明，唐中宗李显移驾梨园球场，在这里举行宫女、大臣的拔河比赛。韦皇后以及爱女安乐公主也前来观看。

唐中宗下令文武三品以上分朋拔河，以预祝今年丰收。据载，韦皇后当场指定：中书门下省萧至忠、韦巨源、唐休璟三位大臣和五位将军为西队，尚书省七位大臣以及两位驸马为东队。

中书令萧至忠眼见西队多是六七十岁的老头，还少一人，急忙奏请重新分定。安乐公主护夫心切，因为夫婿驸马武延秀在参赛东队，便抢先表态，死活不肯变动。皇上见爱女坚持，也就没有更改，萧至忠只

唐中宗（656—710），李显，原名李哲，谥号大和大圣大昭孝皇帝，他是唐高宗李治的第七子，武则天的第三子。唐中宗前后两次当政，共在位5年半，710年被韦后毒杀，终年55岁，葬于陕西省富平县西北凤凰山的定陵。

■《月曼清游图》

好遵旨比赛。

一声鼓响，参赛双方齐力拉绳。僵持不一会，西队输惨，可怜六七十岁的唐休璟、韦巨源二人，随着绳子仆倒在地，久久爬不起来。唐中宗、韦后、公主以及宫女们无不大笑起来。

唐玄宗李隆基也喜欢拔河比赛。唐人封演《封氏闻见记》载，在长安京城，唐玄宗举办了一次千人拔河赛事。千人聚集，“喧呼动地，蕃客士庶观者，莫不震骇”。

当时李隆基赋诗《观拔河俗戏》描摹了这次千人拔河的盛况：

壮徒恒贾勇，拔拒抵长河。
欲练英雄志，须明胜负多。
噪齐山岌嶪，气作水腾波。
预期年岁稔，先此乐时和。

进士河东薛胜在《拔河赋》中言：

皇帝大夸胡人，以八方平泰，百戏繁会，令壮士千人分为两队，名曰拔河于内，实耀武于外。

李隆基（685—762），唐睿宗李旦第三子，母亲窦德妃。唐玄宗也称唐明皇，谥号“至道大圣大明孝皇帝”，庙号玄宗。在位期间，开创了唐朝乃至我国历史上的最为鼎盛的时期，史称“开元盛世”。

除了拔河，唐代的寒食节更盛行斗鸡游戏。我国斗鸡习俗可谓是历史悠久，在《战国策》《史记》《汉书》等史籍中提到的斗鸡典故甚多。

之后又有《邺都故事》记载：“魏明帝太和中筑斗鸡台。”曹植观斗鸡后作了乐府杂曲辞《斗鸡篇》。到了唐代，寒食节斗鸡已成为皇宫中不能缺少的娱乐项目之一。

斗鸡是一种观赏两只或数只鸡相斗的游戏项目。斗鸡由清明那天开始，一直斗到夏至为止。斗鸡游戏起源于隋代，到了唐代更加盛行。

据隋代杜台卿著《玉烛宝典》记载：

寒食节城市尤多斗鸡斗卵之戏。

人们不惜重资购买健斗之鸡，调习既娴，至期登场。斗鸡时，人们把五色幔盖在笼上，背场开笼，有敢临阵争斗的鸡，任它们饮啄自如。如果多至三四百

典故 原指旧制、旧例，也是汉代掌管礼乐制度等史实者的官名。后来一种常见的意义是指关于历史人物、典章制度等的故事或传说。典故这个名称，由来已久。最早可追溯到汉朝，《后汉书·东平宪王苍传》中记载：“亲屈至尊，降礼下臣，每赐宴见，辄兴席改容，中宫亲拜，事过典故。”

■斗鸡年画

斗鸡

只鸡且不惧怕的鸡，这只鸡就稳操胜券了。

斗胜的鸡用彩线结成小球，分别缠在颈部和膀部，入笼迎归。鸡的主人所获得的珠翠罗绮不下于百两黄金。由此可见，当时斗鸡场面是何其壮观。

斗鸡之戏在历史上可以说是经久不衰。据刘肃所撰的《大唐新语》记载：太守戡内难作为御史大夫，有《咏鸡》诗，可谓是一幅绘影绘声的斗鸡图。

寒食东郊道，阳沟竞草笼。
花冠偏照日，芥羽正生风，
顾敌知心勇，先鸣觉气雄。
长翘频扫阵，利距屡通中。
飞毛遍绿野，洒血渍芳丛。
虽云百战胜，会自不论功。

另据唐代段成式的《酉阳杂俎》记载：威远有个叫臧平的人，爱好斗鸡。他有一只高于普通鸡数寸的无敌公鸡。威远监军强行买了下来，让它参加寒食节斗鸡，因为十宅诸王都爱好斗鸡。此鸡威猛异常，无鸡可敌。唐穆宗龙颜大悦，赐给威远监军百匹帛。

段成式（803—863），唐代著名志怪小说家。其父段文昌，曾任宰相，封邹平郡公，工诗，有文名。在诗坛上，他与李商隐、温庭筠齐名。段成式青年时期为官宦子弟，英俊潇洒，彬彬有礼，活泼好动。

关于寒食清明节斗鸡，最有趣味的是唐玄宗与贾昌的故事。据说，贾昌的父亲贾忠是皇帝近身侍卫，力大无比，可以拽起一头公牛摔它个肚朝天。后来在诛灭韦氏家族的变乱中，贾忠立下了大功，深受皇帝的宠信。

贾昌在子承父业习武的同时，7岁就学会了各种鸟语。唐玄宗爱好广泛，除了诗歌音乐，舞蹈美色，还有斗鸡。居然搜罗了上千只公鸡，选派了500名御林军专门驯鸡。每年清明举行斗鸡赛事。如此一来，竟成时尚。

■斗鸡塑像

贾昌凭借精通鸟语的天赋，驯养斗鸡，很有章法，恰好被唐玄宗发现，就把他召进宫里，当了500名驯鸡御林军的总头领兼总教练，授予“神鸡童”的称号。

据《东城老父传》中记载：每当到了斗鸡的日子，唐玄宗都会让宫廷乐队集体出动，后宫的佳丽也纷纷出场。贾昌则头戴雕翠金华冠，身穿锦绣襦裤，手执铎拂，引导群鸡气宇轩昂地走到场地中间。在贾昌的指挥下，群鸡进退有度，顾盼神飞，勇往直前，不啄得对手鸡血长流不罢休。

战斗结束后，贾昌命令群鸡按胜负关系列队，接受玄宗检阅，然后再整齐划一地回到鸡坊之中。唐代寒食斗鸡之盛，由此可见一斑。

到了唐文宗时期，皇上也喜欢观斗鸡。唐代诗人王勃也曾被召署府任修撰一职。据《旧唐书·王勃传》记载：王勃在诸王寒食斗鸡时，“檄英王鸡”，结果被唐高宗怒斥后驱出府。

唐代寒食清明节继承了前代镂鸡子、斗鸡卵的习俗，并且推陈出新，大盛其风。

镂鸡子，就是将鸡蛋雕刻成各种图样花案，有的还涂上色彩，制成精美象形的工艺食品。“雕卵”同“画卵”，在《古代的食品雕刻——镂鸡子》一文中认为：“雕卵”是用工具雕刻鸡蛋，“画卵”则是在鸡蛋上绘画染色，后来二者合一，即成为古代风行于世的“镂鸡子”。

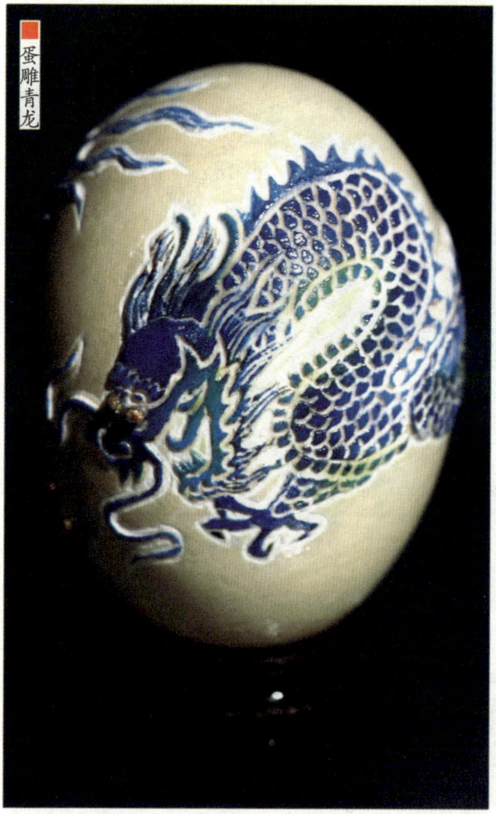

蛋雕青龙

“镂鸡子”通过绘画和雕刻这两道必不可少的工序而达到了食品雕刻的高度完美的艺术境界，而“镂鸡子”也成为当时真正意义上的食品雕刻。

古时，寒食节的镂鸡子大致分为两种，一为画蛋，一为雕蛋。前者为食用，后者主要供玩赏及祭献。画蛋，是将鸡蛋或鸭蛋煮熟后，用茜草汁为染料在蛋壳上描绘花卉。开始无色，过数日后颜色渐显，由浅蓝色变为红色。蛋壳剥去后，蛋白上便显现出玲珑剔透的图案。

雕蛋则是将蛋煮熟后，先用笔在蛋壳上画好图案，然后用刀雕刻，将蛋白、蛋黄取出，使整只蛋镂空，俗称“镂鸡子”。

这种习俗盛行于唐代，唐天宝年间皇家寒食节朝陵所用的供品，即有饧粥雷车和鸡球，一直流行到清末。

《全唐诗》中载有一首骆宾王《镂鸡子》诗，算是对镂鸡子的绝妙描写：

蛋雕孔雀

幸遇清明节，欣逢旧练人。
刻花争脸态，写月竟眉新。
晕罢空余月，诗成并道春。
谁和怀玉者，含响未吟晨。

诗中把善镂鸡子的人称为“练人”，以示其雕刻技能的熟练和高超，同时把雕刻的形态和手法也栩栩如生地勾勒出来。

从诗中可见，鸡蛋被镂成人脸的形状，眉眼俱在，光晕逼真，充分说明了我国古代的食品雕刻有着悠久的历史和丰富的技巧。

骆宾王（约619—约687），唐初诗人，与王勃、杨炯、卢照邻合称“初唐四杰”，又与富嘉谟并称“富骆”。高宗永徽中为道王李元庆府属，后因不得志，辞官。

陈枚人物画《月曼清游图》

唐人镂鸡子，一是增加食品的美观，二是作为馈赠亲友的礼物。每值寒食清明，人们相互赠送镂刻成形的鸡蛋，以祝贺节日。好胜之人，还往往将镂好的鸡蛋互相对比，大有竞争之意，这种比试镂鸡子的做法，当时称为“斗鸡卵”。

镂鸡子、斗鸡卵原是民间寒食风俗，宫廷之内亦曾依俗相随。

《全唐诗》有《奉和圣制初入秦川路寒食应制》：

路上天心重豫游，御前恩赐特风流。
便幕那能镂鸡子，行宫善巧帖毛球。

这说明皇家在寒食节，也让臣下镂鸡子。可是，后来唐玄宗以保生养息为理由，下令禁止民间寒食相互馈赠鸡蛋的风俗。

此后，寒食节时，民间互赠鸡蛋的做法有所收敛，但人们喜爱的镂鸡子和斗鸡卵却始终不衰。

寒食游乐期间，还有一系列的健身运动和娱乐游戏，例如“走马”。在唐代，骑马是人们主要的交通方式，也是一种强身健体的运动形式和优雅自得的消遣方法。

每当寒食来临，人们总爱走马出游，或奔驰于广阔原野，或闲步于草地丛林，或逗留在花间柳下，各自寻觅着不同的自然风光。

《全唐诗》中曹松在诗《锺陵寒食日与同年裴颜李先辈郑校书郊外闲游》中说道：“寒节锺陵香骑随，同年相命楚江湄。”吟咏的就是同年好友携鞍出游的情景。

此外，卢廷让在《樊川寒食》诗中亦有：

鞍马和花总是尘，歌声处处有佳人。
五陵少年粗于事，栲栳量金买断春。

可见当时，久居城市的人，在寒食清明期间走马郊外，已是一种十分普遍的社会风气。

卢廷让 约902年前后在世。他天才卓绝，为诗师薛能，词意入僻，不尚织巧，多壮健语。卢廷让考了25次进士，都未考中，900年才登进士第。郎陵雷满辟为从事，后归蜀王建，授水部员外郎。累迁给事中。终刑部侍郎。著有诗集一卷，《唐才子传》传于世。

唐代仕女骑马出游石刻

唐代仕女娱乐图

在盛唐时期，清明节颇为盛行打马球运动。打马球作为古代一种户外运动，称为“击鞠”“击球”或“打球”。

击鞠相传最早由华夏鼻祖黄帝发明，最初的目的是用来训练武士。在我国古代文献中，“击鞠”一词最早出现于曹植所著《名都篇》中。

马球约有成人拳头大小，球体中空。原料是一种质地轻巧并且非常柔韧的特殊木材，球做好以后，外面还要涂上颜色，并且要请工匠在球的表面进行精致的雕刻，因此制成的马球不仅是竞技运动的工具，还是非常精美的工艺品。

曹植（192—232），三国曹魏著名文学家，建安文学的代表人物。魏武帝曹操之子，后人因他文学上的造诣而将他与曹操、曹丕合称为“三曹”，南朝宋文学家谢灵运更有“天下才有一石，曹子建独占八斗”的评价。王士贞尝论汉魏以来2000年间的诗家堪称“仙才”者，只曹植、李白、苏轼三人耳。

击鞠另一件必不可少的比赛工具是球杖，因为打马球竞技的比赛者是骑在马背上击球，所以球杖要求特别长，球杖的顶端如偃月一般弯曲回来，可以将急速滚动的马球挡住。

当然，进行击鞠运动，最昂贵的花费还是马匹。这样的高成本也就注定了它的贵族属性，唐代时的马球运动，从军队到民间，无不欣喜为之，构成了极为壮观的体育集会。

唐代的击鞠有场地、有规则、有双方队员、有取胜技巧，并体现出参赛者的勇敢精神和整体配合。长安军队中有所谓“两军球会”，军人们纵横急驰，大比其艺，其场面气势磅礴。

而进士们则举行“月灯阁球宴”，动作潇洒从容，文质彬彬。皇家寒食内宴，也总少不了马球的表演。

《全唐诗》张籍的《寒食内宴》中就有这样的吟唱：

廊下御厨分冷食，殿前香骑逐飞球。

千官尽醉犹教坐，百戏皆呈未放休。

击鞠分为单、双球门两种比赛方法。单球门是在一个木板墙下部开一尺大小的小洞，洞后有网囊，以击球入网囊的多少决定胜负；双球门的规则与现代马球类似，以击进对方的球门为胜。

唐代中叶，更是出现了数位热爱户外运动的最高统治者。唐僖宗曾跟人夸口，说如果朝廷设置马球进士科，他能拿状元。

不过，若是真在唐朝皇帝里选马球状元，恐怕还是李隆基最够资格。这位“春宵苦短日高起，从此君王不早朝”的皇帝，年轻时可是

唐代仕女打马球蜡像

打马球唐三彩

举世瞩目的体育明星。

24岁的李隆基还是临淄王时，有一次参加庆祝与吐蕃和亲的国际邀请赛，神策军和皇宫内的球队都输给了吐蕃队，这时李隆基临时组织了一个贵族球队，以先发主力打满全场，驰骋球场连连得分，为唐王朝第一次外交球赛赢得胜利，也算是体育外交的先行者了。

事实上，打马球相当危险。唐穆宗李恒也是马球迷，他继位第三年，曾经因为打马球而“暴得疾”，以至连请了3天病假没有上朝，不知道是突发心脑血管疾病还是误中队友火力，被自己人闷了一棍。

唐德宗也是马球的痴迷者。据《旧唐书·德宗纪上》记载：“寒食节，上与诸将击鞠于内殿。”王泠然的《寒食篇》也对马球进行了现场描写：

别殿前临走马台，金鞍更送彩球来。
球落画楼攀柳取，杖飞香径踏花回。

上有所好，下必甚焉，天子喜爱的运动自然是天下第一运动，马球也就成了大唐不折不扣的国球。由于马球运动对于场地、人员都有较为严格的要求，所以寒食击鞠，多为朝廷、显贵或军队所组织。民间仅是散骑闲打，大部分人都是作为观众而围绕在球场四周。

在唐高宗李治第六子，武则天第二子的章怀太子墓中有《马球图》，画出了唐代马球的兴盛：画上有20多匹骏马飞驰，马尾扎结起来，打球者头戴幞巾，足蹬长靴，手持球杖逐球相击，场面极为壮观。

蹴鞠运动也是唐代清明节的一种重要活动。蹴鞠起源于春秋战国时期的齐国故都临淄。

早在汉代，蹴鞠活动随着经济、文化的发展开始兴盛起来，蔚成风气。在汉画像石、画像砖上，常常见到这类图案，而且以表现女子蹴鞠的画面为主，说明女子蹴鞠在这时已首开先河。

最早的鞠是用毛发纠结成一团，填塞在皮囊之中，踢起来不太轻便，弹性也很有限，不容易踢远。

蹴鞠运动发展到唐代，制球工艺有了很大改进，出现了用尿脬作为气胆的皮鞠，弹性自然比不上后来的足球，不过，比起毛发填塞的实心圆鞠，也算是进了一大步。

唐代马球运动塑像

■古代蹴鞠运动

气胆之外就是皮制的外壳，先将皮子分割成瓣状，再将它们缝在一起，形成一个平滑过渡的圆球。

《唐摭言》中记载，唐文宗时有一位翰林承旨学士，名叫王源中，平日里闲暇的时候常常和弟兄们在家里玩蹴鞠。

有一次正玩得热闹，圆鞠突然弹起来打到他的额头上，打出一块伤痕。正巧皇上传旨要召见他，王源中匆忙赶往宫中去见皇上。皇上看见王源中头上的伤，问他怎么弄的，王源中就把蹴鞠的事告诉皇上。文宗感慨道："你们兄弟们能经常在一起玩蹴鞠，实在是和睦啊！"

内中充气的鞠一则可以使球体变轻，再则也增加了球的弹性，使球变得更轻灵，玩起来更有趣。

由于球体轻了，又无激烈的奔跑和争夺，宫廷中开始有了女子蹴鞠，由宫女们踢弄传递，或绕身盘带取乐，这种现象一直沿传到明末清初。

唐代诗人王建有一首《宫词》说，在寒食节这一天，宜春院的伎女以踢球为乐。唐太宗、玄宗都爱看踢蹴鞠，当时球门是"树两修竹，络网于上，以门为度球。球又分左右朋，以角胜负"。

鼓 在远古时期，被尊奉为通天神器，主要是作为祭祀器具。在狩猎征战活动中，鼓都被广泛地应用。鼓作为乐器是从周代开始。周代有八音，鼓是群音的首领，古文献所谓"鼓琴瑟"，就是琴瑟开弹之前，先有鼓声作为引导。鼓的文化内涵博大而精深，雄壮的鼓声紧紧伴随着人类，远古的蛮荒一步步走向文明。

蹴鞠运动在唐宋时期最为繁荣，经常出现“球终日不坠”“球不离足，足不离球，华庭观赏，万人瞻仰”的情景。

杜甫《清明》诗中也说：

十年蹴鞠将雏远，万里秋千习俗同。

杜甫的诗中也说明了蹴鞠习俗的普遍。唐朝时称得上全民踢球。上自皇上、王公贵族，下到庶民百姓、走卒脚夫都爱玩蹴鞠。

比如韦应物的《寒食后北楼作》一诗中写道：

园林过新节，风花乱高阁。
遥闻击鼓声，蹴鞠军中乐。

写寒食节时，军兵们伴着鼓乐之声，在兵营中玩蹴鞠，阵阵欢声被春风远远吹送过来。

阅读链接

唐穆宗的儿子唐敬宗李湛，继位时是个十五六岁的孩子。他打起马球来排场更大，场上他骑马打球，场下还要有乐队伴奏，烘托气氛。

这位暴虐的皇帝经常半夜打球，时有“碎首折臂”的危险事情发生。

有一次他从郊外打猎回来，半夜心血来潮，要打球作乐。这时人困马乏极易发生危险，李湛不听劝告一意孤行，非要人伤马残不可，几个打球供奉私下商量，打也死不打也是死，于是干脆把唐敬宗给杀了。

可见，凡事适可而止，玩物不仅丧志还有丧命的风险。

清明节饮茶的盛行和演变

唐代是一个格外注重节日的朝代，每逢节令到来，举国上下为之欢庆，而其饮食、好尚、游乐、交际等社会活动及家庭生活也紧密相应，形成唐代的特色。

在唐代，清明节受到了格外重视。作为清明节最重要的饮食习俗之一的饮茶也发生了诸多变化。当时，四川是茶叶之乡，随着民族的统一，四川的种茶和饮茶习俗开始向外传播。先是流传至长江流

■神农氏 即炎帝，是五氏出现的最后一位神祇，我国古代神话人物。传说因为他的肚皮是透明的，可以看见各种植物在肚子里的反应。这样能分辨什么植物可以吃，什么植物不可以吃，他还亲尝百草，以辨别药物作用。并以此撰写了人类最早的著作《本草》，教人种植五谷、豢养家畜，使中国农业社会结构完成。

古代备茶图

域，再逐渐从北方传播到西北。

茶原为我国南方的嘉木，茶叶作为一种著名的保健饮品，是古代南方人民对我国饮食文化的贡献。我国饮茶的起源要追溯到上古时期的神农氏。

传说，约在公元前2737年的神农时代，就已经发现了茶树的鲜叶可以解毒。

有一天，神农在野外以釜锅煮水时，正巧有几片叶子飘进锅中。神农见煮好的水，其色微黄，喝入口中生津止渴、提神醒脑。

他便以自己过去尝百草的经验，判断它是一种药，这便是有关我国饮茶起源最普遍的说法。

在著名古籍《神农本草经》曾有记载：

神农尝百草，日遇七十二毒，得茶解之。

《神农本草经》
简称《本草经》或《本经》，是我国现存最早的药物学专著。《神农本草经》并非出自一时一人之手，而是众多医学家总结、搜集、整理当时药物学经验成果的专著，是对我国中草药的第一次系统总结，被誉为中药学经典著作。

反映的就是古人发现茶治病的起源，这说明我国利用茶叶最少已有4000多年的历史。

茶的功能的演变从最初的祭品、菜食到作为药用。茶从治病的药物而逐步发展成为日常的饮品，其间经历了很长的时期，而后茶才逐渐成为我国民间普及的饮品。关于饮茶的记载也日益增多。

唐代女子制茶图

当时，我国主要是四川一带产茶和饮茶，因为隔着千山万水，“蜀道”险阻，种茶、饮茶仅局限于四川一带。

随着各民族交往的日益频繁，饮茶风习才从四川传到其他地方，并逐渐兴盛。而在我国古代，寒食清明饮茶之俗更是兴盛不衰。

在古代，经常有老人每天提着装有茶叶的容器，来到集市上叫卖，人们也竞相购买。由此可见，茶已成为百姓日常生活不可或缺的普通饮品了。有了茶，才有品茶。品茶，是一种极优雅的艺术享受。

品茶讲究的是程序。我国是茶的故乡，茶文化是中华5000年历史的瑰宝，茶文化更是风靡全世界。这不仅仅是因为喝茶对人体有很多好处，更因为品茶本身就能给人们带来无穷的乐趣。

进贡 封建时代藩属对宗主国或臣民对君主奉献礼品。在古代，强盛的宗主国有时会要求其附属小国每年向其进献金钱物资或珍禽异兽，再把这些进贡之物放在皇宫供人赏玩，以彰显国之大气。

清明节品茶是古时上层人物享受的奢俗。饮茶有健脾胃、止渴、提神等诸多益处，但是在古代，茶在清明时节很是昂贵，普通人很难品出其中滋味。

古代的皇室及其近臣也有清明节饮新茶的奢俗。为此，南方一些产茶的地区也有了按期完课纳贡茶的成规。

在清明时节采摘的茶叶嫩芽，为新春的第一次出茶，名为“清明茶”，一般叫春茶。

关于清明茶来历，据古文献记载，历代王朝，都于清明节前从遥远的地方进贡，岁岁入官。并且，朝廷还专门设有种茶基地，以供皇室“清明会”祭天祀祖之用。“清明茶”之名便由此得来。

朝廷 在我国古代，被一些诸侯、王国统领等共同拥戴的最高统领者，从而建立起来的一种统治机构的总称。在这种政治制度下，统领者一般被称为皇帝。朝廷后来指帝王接见大臣和处理政务的地方，也代指帝王。

古代女子饮茶图

随着历史的发展，关于“清明茶”的提法逐渐淡远，也极少有人还把茶作为清明时祭祀故去亲人的做法了。取而代之的，是各种关于清明前上品茶的各个种类，如，“竹叶青”“一枝春”“剑芽”“明前绿”等，而更多的人习惯地把这些茶统称为“明前茶”。

西汉后期至三国时期，茶已经发展成为宫廷的高级饮品了。如在汉代《赵飞燕别传》中，就有一节关于饮

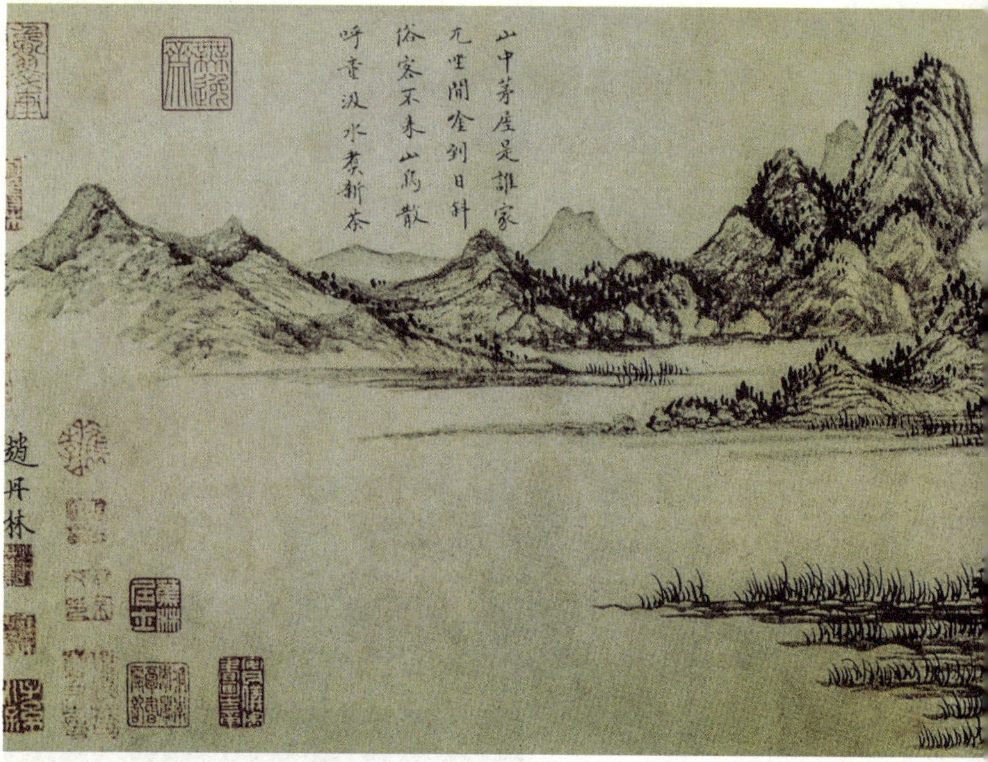

■《陆羽烹茶图》

茶的记载。

据说，汉成帝去世以后，皇后在睡觉时忽然惊醒，并哭啼了很长时间。侍者不知是什么原因，而皇后却啼哭不止。侍者问道：皇后娘娘，因何啼哭？您要节哀顺便，保重身体才是！

皇后闻听此言，方才醒过神来，说：我刚才梦见皇帝，皇帝在云中赐座给我，皇帝命人进茶。皇帝左右上奏皇帝，皇后平时侍奉皇帝不周，不应该喝此茶。可见当时，茶已成为皇室中的一种饮品了。

每逢清明节，王室贵族都要宴饮新茶。清明节的新茶，要在数千里外及时奉送到，在清明前采的茶为上等茶，专人先于清明时把上等茶收买回来，再焙干箬叶，采贡茶时又有郡守现场指挥，所有这一切为的

陆羽（733—804），他一生嗜茶，精于茶道，因著世界第一部茶叶专著《茶经》而闻名于世，被誉为“茶仙”，尊为“茶圣”，祀为“茶神”。他善于写诗，但其诗作世存不多。《全唐文》有《陆羽自传》。

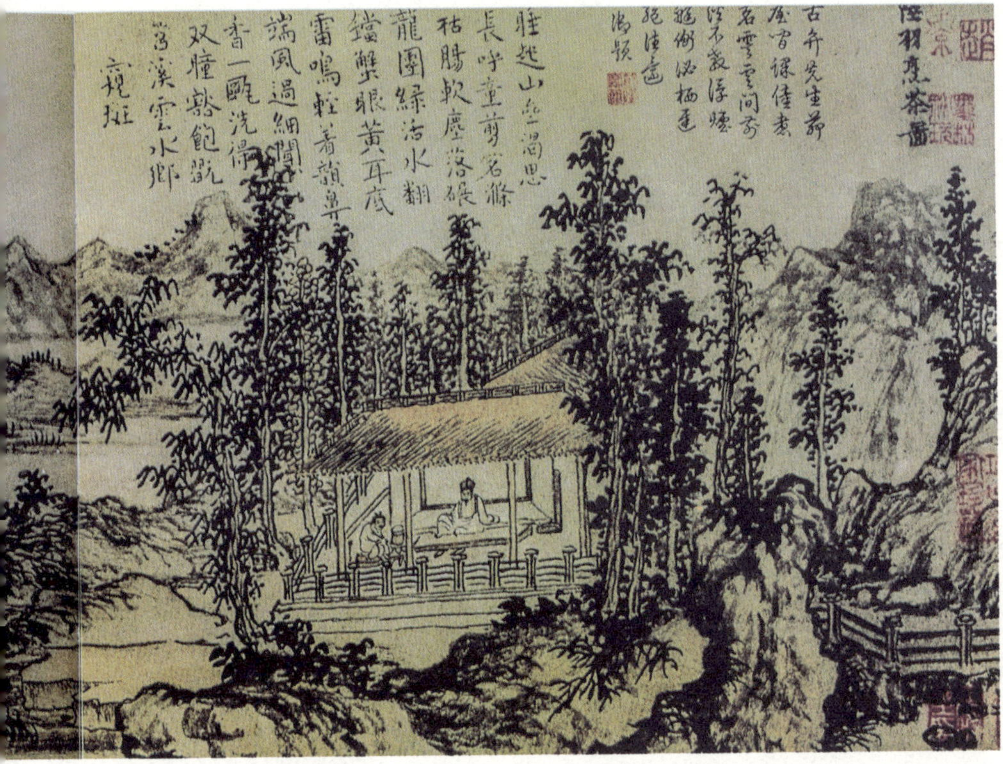

都是为清明宴做准备。

关于此事，在唐代陆羽的《茶经》中有所记载：

茶之为饮，发乎神农氏，闻于鲁周公。

唐代诗人张文规在《湖州贡焙新茶》中说道：

凤辇寻春半醉回，仙娥进水御帘开。
牡丹花笑金钿动，传奏吴兴紫笋来。

这首诗真实细腻地描绘出了皇家递送贡茶时的情景。古人在制茶、藏茶、饮茶等诸多环节上，对用时、用火、用水、用具等方面的要求都有许多讲究。

后人有诗为证：

题封进御官有局，夜行初不更驿宿。
冰融太液俱未知，寒食新苞随赐烛。

唐代清明节饮茶习俗还有许多别出心裁之举。据《事词类奇》载，唐德宗煎茶，好加酥椒之类。苏东坡在《试院煎茶》诗中，列举了许多与众不同的煮茶法：

蒙茸出磨细珠落，眩转绕瓯飞雪轻。
银瓶泻汤夸第二，未识古人煎水意。

君不见昔时李生好客手自煎，贵从活火发新泉；
又不见今时潞公煎茶学西蜀，定州花瓷琢红玉。

我今贫病长苦饥，分无玉盌捧蛾眉。
且学公家作茗饮，砖炉石铫行相随。

阅读链接

提起饮茶，自古以来，无论达官贵人还是平民百姓，但凡有品茗雅兴之人都讲究茶道。

茶道是烹茶饮茶的艺术。是一种以茶为媒的生活礼仪，也被认为是修身养性的一种方式，它通过沏茶、赏茶、闻茶、饮茶，增进友谊，美心修德，学习礼法，是很有益的一种和美仪式。

喝茶能静心、静神，有助于陶冶情操、去除杂念，这与提倡“清静、恬淡”的东方哲学思想很合拍，也符合佛道儒的“内省修行” 思想。茶道精神是茶文化的核心，是茶文化的灵魂。

寄托无限哀思的重大节日

据《岁时百问》记载：“万物生长此时，皆清洁而明亮。故谓之清明。”

到了清明这天，天气回暖，正是春耕春种好时节，同时也是惜春正命、纪念亡人的绝佳时机。

唐代统治者允许百姓将寒食节扫墓祭祖的习俗延续至清明这天，以此来强化慎终追远、敦亲睦族的孝亲传统，从此清明初具节日的性质。

古代墓祭

清嘉庆二十二年《长沙

古代家族祭拜

县志》记载：

清明日，设酒肴荐先墓，标纸钱于上，去墓草而加土，谓之扫墓。

清嘉庆二十三年《善化县志》记载：

“清明”上冢，用本色纸剪缠竹枝，谓之“春条”，插冢上祭拜。

清明祭扫坟茔，是和丧葬礼俗有关的节俗。据载，古代“墓而不坟”，就是说只打墓坑，不筑坟丘，所以祭扫就不见于载籍。后来墓而且坟，祭扫之俗便有了依托。

秦汉时代，墓祭已成为不可或缺的礼俗活动。据《汉书·严延年传》记载，严氏即使离京上千里，也要在清明“还归东海扫墓地”。

我国古人祭祀的形式大致有三种：

一是较为普遍的方式，即在祖宗葬地举行，俗称“上坟”。时间主要是忌日和重大传统节日，如除夕、清明、中元节、十月初一等。

第二种方式是家祭。即不用到坟上去，或与上坟同时进行，把写有直系宗祖的牌位或谱系图供在正堂或“家庙”，全家或全族人一齐祭祀，在家祭的称“请家堂”，仪式十分庄重。

第三种方式是清明节扫墓，扫墓也被称为寒食展墓。其过程大致是寒食节这一天，一家人或一族人一同来到先祖坟地，然后致祭、添土、挂纸钱。因这项活动与千家万户的生老死葬休戚相关，因而在民间尤为看重，被视为“野祭”。

尤其是，古代帝王在组织官方编修五礼时，为了给世人这种追贤思孝的野祭正名，特敕令将寒食节上

牌位 又称灵牌、灵位、神主、神位等，是指书写逝者姓名、称谓或书写神仙、佛道、祖师、帝王的名号、封号、庙号等内容，以供人们祭奠的木牌。牌位大小形制无定例，一般用木板制作，呈长方形，下设底座，便于立于桌案之上。古往今来，民间广泛使用牌位，用于祭奠已故亲人和神祇、佛道、祖师等活动。

唐代清明节祭祖扫墓人物砖

唐代长安街景

墓编入五礼之中的第一项吉礼中，使其永为恒式。

此后，寒食节展墓，名正言顺地成为官方倡导的拜扫礼节。皇亲贵族也跻身于寒食祭陵展墓行列。

既要展墓就要提到纸钱。纸钱是古人祭祀时用以礼鬼神和葬礼及扫墓时用以供死者享用的“冥币”，因之又称冥钱。一般是将白纸剪成铜钱的形状，或抛撒于野外墓地，或焚化给死者，民间将此称为撒纸或烧纸。

在《史记·酷吏列传》中就有关于纸钱的记载：“会人有盗发孝文园瘗钱。”

由此可知，纸钱之俗早在汉代就有了。魏晋以后，南朝齐之时，人们普遍改为以纸寓钱祭灵。此俗一直沿袭下来。世间事，过眼烟云，朝更夕改，唯有寒食展墓之俗如阳露春草，岁岁年年。

到了隋唐时期，寒食节主要活动项目已逐渐演变为关系千家万户的祭祖扫墓，而为纪念介之推举行的

《史记》是我国的第一部纪传体通史，由汉代的司马迁花了13年的时间所写成的。《史记》与《汉书》《后汉书》《三国志》合称“前四史”。《史记》全书共有本纪12篇，表10篇，书8篇，世家30篇，列传70篇，全书共130卷，记载了我国从传说中的黄帝到汉武帝后期长达3000多年的历史。

禁烟吃冷食已退居其次。

寒食展墓之俗因其魂系祖脉，根连骨肉，至后来已演变为四海同祭，九原焚帛，生者展孝，鬼神享食的天下第一祭日。

人死万事灰，展墓人复来。唐代诗人张籍名作寒食节《北邙行》记载：

洛阳北门北邙道，丧车辚辚入秋草。
车前齐唱薤露歌，高坟新起白峨峨。
朝朝暮暮人送葬，洛阳城中人更多。
……
寒食家家送纸钱，乌鸢做巢衔上树。
人居朝市未解愁，请君暂向北邙游。

自古至今，上坟祭扫都是我国上至朝廷，下至百姓的重要活动。其主要包括两项内容：一是挂纸烧钱，一是修整坟墓。

唐代以前，我国已有烧纸钱祭亡灵的习俗，但因寒食期间禁火，墓祭也不能烧纸钱，人们便将纸钱插、挂在墓地或墓地旁边的树上，

古代祭祀

■皇家祭陵场景

有的是用小石头压在坟地上，表示后辈给先人送来了费用。

这就出现了一个疑问，古人认为，给先人使用的物品如果不焚烧，是无法过到另外空间去的，当然食品除外。

在我国，从古至今，不管是宗教还是民间，都有烧香或烧纸钱的习俗。这个纸钱如果不焚烧，阴间的先人就不好用。

因此，唐朝的大诗人王建在《寒食行》一诗中，就对寒食节不能烧纸钱的事情提出了质疑：

寒食家家出古城，老人看屋少年行。
丘垄年年无旧道，车徒散行入衰草。
牧儿驱牛下冢头，畏有家人来洒扫。
远人无坟水头祭，还引妇姑望乡拜。
三日无火烧纸钱，纸钱那得到黄泉。
但看垄上无新土，此中白骨应无主。

王建（约767—约830），唐代诗人。家贫，“从军走马十三年”，40岁以后，才当上小吏，沉沦于下僚，任县丞、司马之类，世称王司马。他写了大量的乐府，同情百姓疾苦，与张籍齐名。又写过宫词百首，在传统的宫怨之外，还广泛地描绘宫中风物，是研究唐代宫廷生活的重要材料。

清明节是我国祭祀先人的节日，清明祭祀的参与者是全体国民，上至君王大臣，下至平头百姓，都要在这一节日祭拜先人亡魂。

从唐朝开始，朝廷就给官员放假以便归乡扫墓。参加扫墓的人也不限男女和人数，往往倾家出动。这样清明前后的扫墓活动，常常成为社会全体亲身参与的事，数日内郊野间人群往来不绝，规模极盛。

清明节的祭祀活动，首推涉及千家万户的上墓祭扫。但除了上坟扫墓外，历史上这一天还有一系列其他祭奠活动。

首先是皇家祭陵，这一活动历朝奠仪也不尽一致。如639年唐太宗拜献陵，规定帝谒陵，距陵5000米处设有座位和斋室，还规定皇祖以上至太祖陵寒食日都要设祭。

除了皇家祭陵外，寒食清明较为隆重的祭仪为祭祀孔林。据《山东通志》与《曲阜县志》记载，曲阜

天神 指天上诸神，包括主宰宇宙之神及主司日月、星辰、风雨、生命等神。佛教认为，天神的地位并非至高无上，但可比人享有更高的福祉。天神也会死，临死前会出现衣服垢腻、头上花萎、身体脏臭、腋下出汗和不乐本座等五种症状。

唐代长安清明节场景

农历 是我国长时期采用的一种传统历法，以朔望的周期来定月，用置闰的办法使年的平均长度接近太阳回归年，因这种历法安排了二十四节气以指导农业生产活动，所以被称为农历，又叫中历、夏历，俗称阴历。

孔林是孔子先师之墓，此地受天至精，纯粹睿哲。

历代规定这里祀期为一年两祀，即春用寒食节、冬用农历十月朔日。奠仪由孔子后裔衍圣公主祭。

除孔林外，曲阜城东10多千米处有启圣林庙，是孔子父亲的葬地。这里规定一年两祭时间为春用清明节，冬用农历十月初三，也由衍圣公主祭。由此可见，清明节从古至今就是华夏子孙的祭祀重要节日。

作为鬼节，清明之祭主要是祭祀祖先和去世的亲人，表达祭祀者的孝道和对死者的思念之情。清明节属于鬼节而通常不被冠以鬼节之名，就在于它所祭祀的主要是善鬼、家鬼，或亲近者的亡魂，重在表达孝思亲情。

而另外农历七月十五和十月初一两个鬼节则连恶鬼、野鬼也一并祭祀，重在安抚鬼魂，不让它们作祟。有些地方也有清明节祭祀其他鬼神的做法。

祭祀孔林

清明祭祀的时间选在清明前后，各地有所差异。旧时，北京人祭扫坟墓不在清明当天，而在临近清明的“单日”进行。只有僧人才在清明当天祭扫坟墓。

浙江丽水一带则在清明节的前三天和后四天的范围内扫墓，称为“前三后四”。

在山东旧时，多数地区在清明当天扫墓，少数地区如诸城，在寒食这天扫墓，有些地方在清明前四天内

清明节上坟

扫墓。

清明祭祀按祭祀场所的不同可分为墓祭、祠堂祭。以墓祭最为普遍。清明祭祀的特色就是墓祭。在墓地祭祀，祭祀者离祭祀对象最近，容易引起亲近的感觉，使生者对死者的孝思亲情得到更好的表达和寄托。

清明祭祀被称为扫墓，主要是由于采取墓祭方式。另一种形式是祠堂祭，又称庙祭，是一个宗族的人聚集在祠堂共祭祖先，祭完后要开会聚餐等，这种祭祀是团聚族人的一种方式。还有一种情况是家在外地工作的人不能赶回家乡扫墓，就在山上或高处面对家乡的方向遥祭。

清明祭祀的方式或项目各地有所不同，常见的做法有由两部分内容组成：一是整修坟墓，二是挂烧纸钱、供奉祭品。

扫墓时首先整修坟墓。其做法主要是清除杂草，培添新土。这种行为一方面可以表达祭祀者对亡人的孝敬和关怀，另一方面，在古人的信仰里，祖先的坟

华夏 是古代汉族的自称，即华夏族。原指我国中原地区，后包举我国全部领土而言，遂又为中国的古称。“华夏”一词由周王朝创造。最初指代周王朝。华夏文明亦称中华文明，是世界上最古老的文明之一，也是世界上持续时间最长的文明之一。

墓和子孙后代的兴衰福祸有莫大的关系，所以培墓是不可轻视的一项祭奠内容。

过去由于寒食禁火的影响，纸钱不焚烧，而是挂在墓地的小树上、竹竿上，或用石块、土坷垃压在坟墓边。这样，凡是祭扫过的坟墓就有纸幡飘飘，构成清明前后的特有景观。没有纸钱者，一般就是缺少后嗣的孤坟了。

后来，人们在清明一般不再讲究禁火，就把纸钱烧掉。旧时北京清明祭祖的主要形式是“烧包袱”。所谓“包袱”，被祭祀者当作从阳世寄往“阴间”的邮包。过去有卖所谓的“包袱皮”，即用白纸糊的一个大口袋。

这种口袋有两种样式：一种是有图案的，用木刻版印上梵文音译的《往生咒》，中间印莲座牌位，写上亡人的名讳，如“已故张府君讳云山老大人”字样。另一种是素包袱皮，不印任何图案，中间只贴一张蓝签，写上亡人名讳。包袱里装有各种冥钱。所供奉的祭品主要是食品，品种各地不同，都是当地人认为的并且按祭祀者的经济能力能拿得出来的美味佳肴，或合于时令的特色食品。

阅读链接

过去，山西晋南人将扫墓的时间分为两次。一次在清明前几天，是各家分头去扫墓。第二次是在清明当天，一个村里同姓的各家派出代表，同去墓地祭祀共同的祖先。

上海人扫墓时间，新坟旧坟有别。凡是新近过世的，过了七七四十九天而没做过超度法事的，要在清明节这天请僧道诵经做法事或道场。

如果是老坟已做过法事或道场，扫墓不一定在清明当天，可以前后放宽些，但不能超出前7天后8天的范围，俗谓：“前七后八，阴司放假。”意思是过早或过迟都会失灵。

已然成节

到了宋元明清时期，清明节的一些习俗已经演变成丰富多彩的饮食习俗和民间娱乐活动。

饮食习俗主要体现在：滋身养体的吃青精饭食俗、始于宋代的吃青团食俗、吃螺蛳清明果和润饼菜食俗，以及品类丰富的老北京清明节寒食。节日习俗主要体现在：应时应景的清明赏花习俗、热闹非凡的清明蚕花会、城隍庙求愿习俗等。

后世流传下来的北宋张择端的《清明上河图》中描绘的就是北宋徽宗年间，清明时节东京汴梁汴河两岸清明时节的繁华景象。

宋代清明习俗的进步发展

清明节自古以来便为历代所重视。到了唐宋时期，扫墓、插柳，以及吃馓子、五侯鲭、食粥等节日习俗仍在继续，并更趋盛行。

宋代江南诗派的重要人物高菊涧在《清明》一诗中就形象地描述了宋人清明上坟的情形：

清明亲友相聚

南北山头多墓田，清明祭扫各纷然。
纸灰飞作白蝴蝶，泪血染成红杜鹃。
日落狐狸眠冢上，夜归儿女笑灯前。
人生有酒须当醉，一滴何曾到九泉。

由此可见，寒食、清明节既是家家上坟、人人扫墓之日，同时又是生者相聚，亲友相会之时。

在节日中，饮酒是不受限制的。

此时的酒，是悼念的酒、祭奠的酒、思念的酒。人们除了在“江头吃饮，践踏青草”外，还在“芳树之下，园圃之内，罗列杯盘，互相酬劝”。人们在节日中欢饮美酒，吃着节日美食，悠闲而自在。

苏轼雕像

据说，大文豪苏东坡在徐州任职期间，特别喜食馓子，他在《寒具诗》中写道：

纤手搓成玉数寻，碧油煎出嫩黄深。
夜来春睡无轻重，压扁佳人缠臂金。

由诗中足见馓子受欢迎的程度。自古文人总是借物抒怀，苏东坡在《次韵孔毅父集古人句见赠五首》其二中生动地描绘了宋代人在清明节吃五侯鲭的感受。

紫驼之峰人莫识，　杂以鸡豚真可惜。
今君坐致五侯鲭，　尽是猩唇与熊白。
路傍拾得半段枪，　何必开炉铸矛戟。
用之如何在我耳，　入手当令君丧魄。

清明节插柳是自古有之的传统习俗，到了宋代仍在沿袭。

苏东坡在《咏柳》一诗中说道：

九泉 指地下埋葬死人的地方，即阴间。因为九是数字单数中最大的数字，所以有“极限”之意。古人从打井经验中获知：当掘到地下深处时，就会有泉源。地下水从黄土渗出，带有黄色，故叫黄泉。古人认为人死后要到很深地下的阴曹地府，就把“九”和“泉”相搭配，称为九泉。

清明插柳诗意图

长恨漫天柳絮轻，
只将飞舞占清明。

宋代诗人方岳在《柳》一诗中亦有这样的诗句：

粥香饧白清明近，
斗挽柔条插画檐。

此外，宋代词人晏殊、晏几道、柳永、方千里、陈允平、周邦彦、吴文英等也有寒食节咏柳不俗之作，如晏几道《浣溪沙·柳》词道：

二月风和到碧城，万条千缕录相迎，舞烟弄日过清明。

妆镜巧眉偷叶样，歌台妍曲借枝名，晚秋霜霰莫无情。

晏几道（1030—约1106），北宋词人。他是北宋词人晏殊第七个儿子。然而并不像晏殊在政治上有很高的地位，他只做过一些小官，如开封府判官、颍昌府许田镇监、乾宁军通判等。一般讲到北宋词人时，称晏殊为大晏，称晏几道为小晏。《全宋词》存录有260余首。

北宋著名词人、婉约派创始人柳永的《玉楼春·柳》词为：

黄金万缕风牵细，寒食初头春有味，殢烟尤雨索春饶，一日三眠夸得意。

章街隋岸欢游地，高拂楼台低映水，楚王空待学风流，饿损宫腰终不似。

每年的清明节，皇宫内依然要举行清明馈宴等娱乐活动。

北宋著名文学家欧阳修，曾有幸参加在禁苑内皇帝寒食馈宴，有感而作《三日赴宴口占》诗写道：

九门寒食多游骑，三月春阴正养花。
共喜流觞修故事，自怜双鬓惜年华。

可见，当时能享受朝廷馈宴之邀，实属幸事。而宋政府对清明节的假期也有了相关规定。如，对产盐区的居民有特别规定。

据《食货志》记载：1008年，就是大中祥符元年，下诏泸州南井灶户，遇正、至、寒食，各给3天假。

南宋时期，清明实行禁火规定。著名词人、画家周密在其《癸辛杂识》中，就记载了一段关于寒食节官家查处百姓对禁火执行情况的翔实故事。

《癸辛杂识》中讲道：

绵上火禁，外平时禁七日，丧乱以来犹三日。

寒食这一天，乡里的社长一伙要挨家户用鸡毛查拨各家灶灰，一旦鸡毛稍焦

柳永（约987—1053），原名三变，字景庄，后改名永，字耆卿，排行第七，又称柳七。北宋著名词人，婉约派最具代表性的人物。是宋仁宗时期进士，官至屯田员外郎，故世称柳屯田。他自称“奉旨填词柳三变”，以毕生精力作词，并以“白衣卿相”自诩。其词对宋词的发展有重大影响。

二侍填香石刻

卷，说明这家没禁火，就要罚香纸钱。

特殊有病及年老不能吃冷食者，要么认罚，要么就到介公庙求神卜卦。卜到吉卦，就可以燃用木炭，如卜到不吉，则宁让死也不让用火。百姓无奈，大冷天想吃点热东西，或者把食物放在太阳下，或者把食器埋藏在羊马粪窖中，以求保暖。

到了宋代后期，寒食节禁火的规矩就不那么严格了。一些地方的民众有在寒食节烧纸钱的，也有改在清明节取新火以后再去扫墓。

所以，过寒食节的习俗只在少数地方还保留着。由于寒食及禁火禁烟对人们的生活造成一些不方便，一些地方过寒食节也只是清明节前的一天时间，有的地方甚至寒食节、清明节都不分了。

发展到后来，寒食节已经完全被清明节取代。清明节假日期间扫墓、踏青、荡秋千等，已成为人们生活的一部分。

宋代，清明饮食习俗也发生了很大的变化。著名诗人杨万里《送新茶李圣俞郎中》诗道：

细泻谷帘珠颗露，打成寒食杏花饧。

明代《清明上河图》局部

明代《清明上河图》局部

金代诗人元好问的《茗饮》说道：

槐火石泉寒食后，鬓丝禅榻落花前。
一瓯春露香能永，万里清风意已便。

由此可见，饮茶这一习俗在宋代也是长兴不衰。除了清明饮茶，在宋代秋千已成为专供妇女玩耍的游戏，人们荡秋千是为了练习轻捷和矫健的能力。

由于清明荡秋千随处可见，后世朝廷便把清明节定为秋千节，皇宫里也安设秋千，供皇后、嫔妃、宫女们玩耍。由此可见，荡秋千已成为上自宫廷下至普通百姓喜闻乐见的健康娱乐活动。

除了上述清明娱乐习俗，清明最重要的饮食习俗就是吃青精饭。

青精饭也叫乌米饭，是江苏省的著名点心，是以乌饭树之汁煮成的饭，颜色乌青，为当地居民寒食节的重要食品之一。主要是为滋补身体，祭祀祖先，相

杨万里（1127—1206），字廷秀，号诚斋，南宋杰出诗人，一生力主抗金，与尤袤、范成大、陆游合称南宋“中兴四大诗人”“南宋四大家”。主要成就是创作抒发爱国情思，诗作4200余首。代表作品有《初入淮河四绝句》《舟过扬子桥远望》《过扬子江》等。

翰林 古代官名，皇帝的文学侍从官，翰林院从唐朝起开始设立，始为供职具有艺能人士的机构。唐玄宗时期，是从文学侍从中选拔优秀人才，充任翰林，但自唐玄宗后演变成了专门起草机密诏制的重要机构，院里任职的人称为翰林学士。明、清改从进士中选拔。

传为道家所创。

青精饭原本是民间食品，早在唐代就已经产生了。唐代著名诗人杜甫在《赠李白》一诗中就有“岂无青精饭，使我颜色好”的诗句。全诗如下：

二年客东都，所历厌机巧。
野人对膻腥，蔬食常不饱。
岂无青精饭，使我颜色好。
苦乏大药资，山林迹如扫。
李侯金闺彦，脱身事幽讨。
亦有梁宋游，方期拾瑶草。

这是杜甫赠李白最早的一首诗。

天宝年间，杜甫在东都洛阳遇到由翰林供奉被放的李白，作此诗向他倾诉自己在大都市厌倦了投机钻

■青精饭

杜甫（712—770），字子美，自号少陵野老，世称“杜工部”“杜老”“杜少陵”等。是盛唐时期伟大的现实主义诗人。杜甫被世人尊为“诗圣”，其诗被称为“诗史”。杜甫与李白合称“李杜”，为了跟另两位诗人李商隐与杜牧即“小李杜”区别开来，杜甫与李白又合称“大李杜”。

营，也吃不惯朱门酒肉；他想学仙求道，像道家那样食用青精饭以延年益寿。但炼丹也得要大把银子，学仙也学不成。哪如你李翰林是金门才彦，脱身俗务，不事权贵，整日在山林里采药寻仙。

在江苏宜兴、溧阳、金坛、南京和皖南一带的农村，每逢农历的四月初八，多数人家都会用乌饭树叶煮乌米饭食用，清明节吃乌米饭也就逐渐形成习俗。

制作青精饭主要是用南烛木，南烛木也叫“黑饭草”。青精饭的具体制作方法是采用南烛木的枝叶，捣成汁，用汁浸米，再蒸饭，晒干。

关于“南烛木”，北宋的沈括在《梦溪笔谈》中也有记载：

南烛草木，记传、《本草》所说多端，多少有识者。为其作青精饭，色黑，乃误用乌柏为之，全非也。此木类也，又似草类，故谓之南烛草木，今人谓之南天烛者是也。

沈括（1031—1095），字存中，号梦溪丈人，北宋科学家、改革家。晚年以平生见闻，在镇江梦溪园撰写了笔记体巨著《梦溪笔谈》。他是我国历史上最卓越的科学家之一，精通天文、数学、物理学、化学、地质学、气象学、地理学、农学和医学，他还是卓越的工程师、出色的外交家。

南人多植于延槛之间，茎如蒴藋，有节；高三四尺，庐山有盈丈者。叶微似楝而小。至秋则实赤如丹。南方至多。

此外，古文献中也有关于“南烛”的描述：

南烛产罗浮高处，初生三四年状若菘，渐似栀子，二三十年成大株，盖木而似草者也。叶似茗而圆厚，冬夏常青，枝茎微紫。

大者高四五丈，肥脆易折。子如茱萸，九月熟，酸美可食。昔朱灵芝真人，以其叶兼白粳米，九蒸暴之，为青精饭，常服，人称青精先生。

今苏罗徭人每以社日为青精饭相饷，师其法。苏罗乃罗浮最深处。予诗：“社日家家南烛饭，青精遗法在苏罗。”

青精饭的制作方法古今不一。有的先将米蒸熟、晒干，再浸乌饭树叶汁，复蒸复晒九次，所谓“九蒸九曝”，成品米粒坚硬，可久贮远携，用沸水泡食。

后来，在江南一带，青精饭是清明当天做当天吃，不“九蒸九曝”。具体做法是：初夏采乌饭树叶洗净，舂烂加少许浸泡米，待米呈墨绿色捞出略晾；再将青汁入锅煮沸，投米下锅煮饭，熟后饭色青绿，气味清香。

剪纸荡秋千

青精饭之所以被称为“乌饭”，是因其用乌饭树的汁做配料。乌饭树属于杜鹃花科，一种

■ 青精饭

常绿灌木，在我国的南北各地均有野生，在江淮一带每到寒食节，人们便采树叶煮成乌饭。

青精饭不仅为普通百姓家所需，更为神仙家垂青，久服可以益颜。“青精”二字，给人以色泽的素朴和质地的晶莹坚硬感，如一粒粒青宝石。食用它的一定都是餐风饮露、辟谷食气的仙人。

仙人饿了还可煮石头充饥，里面估计会有叫“青精饭”的一类，一块块青色的石头被煮熟了，温润而质雅，泛着幽幽的蓝光。

青精饭在一些地区还被用作清明节的供品。这个风俗的来源有两种说法：

一种说法是为了纪念晋文公的臣子介之推。为纪念介之推，晋文公又下令把介之推被烧死的这一天定为寒食节，以后年年岁岁，每逢寒食节都要禁止生火，吃冷饭，以示追怀之意。

另一种说法认为寒食节源于周代的禁火旧制。当

仙人 即神仙，是我国本土的信仰。仙人信仰在我国早在道教产生之前就有了，后来被道教吸收，又被道教划分出了神仙、金仙、天仙、地仙、人仙等几个等级。远在佛教传入我国之前，我国本土就有了仙人的信仰。佛教传入我国之后，把古印度的外道修行人也翻译成了仙人。

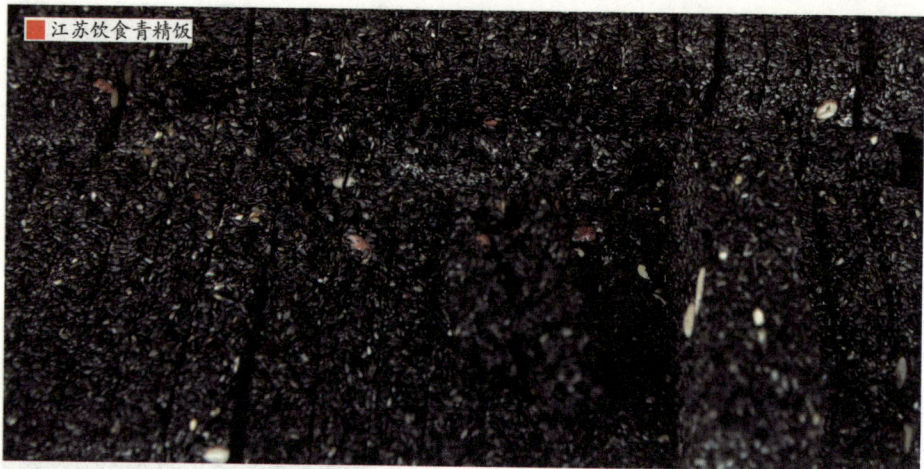

江苏饮食青精饭

时有逢季改火的习惯。春末出火，在这之前告诫人们禁止生火，要吃冷食。

南宋林洪在《山家清供》中专述了宋人山家饮馔，第一条就是“青精饭”。林洪提供了两种说法：

青精饭首者，以此重谷也。按《本草》：南烛木，今名黑饭草。即青精也。采枝叶捣汁，浸米，蒸饭暴干，坚而碧色。久服益颜延年。

仙方又有青精石饭，世未知石为何也。按《本草》：用赤石脂三斤、青粱米一斗，水浸越三日，捣为丸，如李大，日服三丸可不饥。是知石即石脂也。

二法皆有据，第以山居供客，则当用前法；如欲效子房辟谷，当用后法。

可知前一种是南烛木汁液浸米，蒸曝而成；后一种指叫青精的石头做成的饭。明代杨慎《升庵诗话》也有“青精饭”一条，指前者：

青精草，一名南天烛，又为“墨饭草”，以其可染黑饭也，道家谓之青精饭，故《仙经》谓此道：

服草木之正，气与神通。食青烛之津，命不复陨。

“青精饭”本为道士所创，后被佛教居士所接受。李时珍在《本草纲目》中有记载：

此饭乃仙家服食之法，而今释家多于四月八日造之，以供佛。

青精饭古今做法不一，古代需九蒸九曝，可久贮远携，后来南方仍有此种小吃，只需将乌饭树汁液入锅煮米即可，米粒青莹，气味清香。除了吃青精饭习俗，人们在寒食节也食各种花粥，最典型的要数梅花粥。宋人杨万里有《寒食梅粥》诗为证：

才看腊后得春饶，愁见风前作雪飘。
脱蕊收将熬粥吃，落英仍好当香烧。

可见，清明节的饮食习俗是随着年代的变迁而越发多样化了。

阅读链接

清代吴炽昌在《客窗闲话》中记载了一个叫魏元虚的人，旅食燕赵间，独居困顿。中秋之夜，一得道仙女来报答他前世之恩，但不肯与魏亲近，只是对坐举觞互酌，从筐里拿出青精饭共食。还有什么饭食能配得上这样不落俗套的仙女报恩的故事，和这样不可亵玩的女子呢？但传说终归是传说，不过青精饭确实本是道家在山中修炼时日常所食，后来成为隐士逸人的“清供”食品。

后人诗句多有表现。赵翼曾摘录《放慵》诗道：“道士青精饭，先生乌角巾”；黄庭坚有诗道：“饥蒙青精饭，寒赠紫驼尼。”

兴盛于江南的吃青团食俗

清明时节，江南一带有吃青团子的风俗习惯。青团，又叫清明果，是我国江南和上海一带清明节时的祭祖食品之一，因为其色泽为青绿所以叫作“青团”。

青团外皮松软，肉体松糯，不甜不腻，味道清香，有青草香气，

松软的青团

■青团子

有点黏但不粘牙，青团的夹心多为豆沙。

青团始创于宋代，是清明节的寒食名点之一，当时叫作“粉团”，到了明清开始流行于江浙和上海，后来青团的祭祖功能逐渐淡薄，而更多的人把青团当作春天的时令点心来食用，也用以馈赠或款待亲友。

青团子是用一种名叫“浆麦草”的野生植物，捣烂后挤压出汁，接着取用这种汁，同晾干后的水磨纯糯米粉拌匀糅合，然后开始制作团子。野菜主要是嫩艾、小棘姆草、泥胡菜、艾蒿和鼠曲草等。

泥胡菜汆水后色泽碧绿，以前常用，后来用的已不多见。放入大锅后，加入石灰蒸烂，漂去石灰水，揉入糯米粉中，做成呈碧绿色的团子。

团子的馅心是用细腻的糖豆沙制成，在包馅时，另放入一小块糖猪油。团坯制好后，将它们入笼蒸

艾蒿 又名艾草，是一种多年生草本植物，分布于亚洲及欧洲地区。一般用于针灸术的“灸”。针灸分为两部分，“针”就是拿针刺穴道，而“灸”就是拿艾草点燃之后去熏、烫穴道，穴道受热固然有刺激，以达到“灸”和效果。我国民间用拔火罐治疗风湿病时，以艾草做燃料效果更佳。

■青团

周代 是我国历史上继商代之后的一个世袭王朝，分为西周、东周两个时期。周王朝存在的时间从约公元前11世纪至公元前256年，共传30代37王，共计存在约为791年。其中西周是我国第三个也是最后一个世袭奴隶制王朝，其后秦汉开始成为具有从中央到地方的统一政府的大一统国家。

熟，出笼时，用毛刷将熟菜油均匀地刷在团子的表面，便做好了。

青团油绿如玉，糯韧绵软，清香扑鼻，吃起来甜而不腻，肥而不腴。青团还是江南一带人用来祭祀祖先必备食品。正因为如此，青团在江南一带的民间食俗中格外重要。

江南吃青团最早也可在周代找到线索，《周礼》记录当时有“仲春以木铎循火禁于国中”的规矩，于是百姓熄炊而“寒食三日”。

寒食三日充饥传统食品中有一种“青精饭”，寒食节时，人们采摘阳桐叶，以细冬青染饭，所成之饭色青而有光。

当时这种青精饭用以祭祀，随着制作方法的更新，后来逐渐转变为青团。在当时的集市上也有卖青团熟藕的冷食，人们争相购买后，将其作为祭祀祖先的用品。

浙江省临海市的青团上色一定要用一种叫“青”的野菜，苏州、杭州这些地方一般用青菜汁、嫩丝瓜叶汁增色，将“青”煮熟捣成汁与糯米粉和在一起。

“青”也叫鼠鼬草，正因为有了青使得临海的青团有别于其他地方的香味。临海青团的馅料有咸、甜两个样式，甜的为豆沙，而咸的则是豆腐干丁、笋丁、肉丁、咸菜等。

为了能使咸、甜两种样式分清，甜的包成圆的而咸的包成饺子状。用鲜楮树叶垫到底下用蒸笼蒸15分钟就完成了。

制作青团的方法有很多，其一是把艾草洗干净用水焯一下，在焯的时候，可以加一点点石灰水，这样能去掉苦涩味，如果不加，就多洗几遍。然后加点水，打碎就可以得到艾草汁了。

把糯米粉和黏米粉按3比1的量调好，加入艾草汁和成面团，然后加入豆沙馅，包成小孩拳头大小的团子。最后一道工序就是上火蒸。

蒸熟后把青团放凉了，就可以吃了。制作好的青团食用起来

《周礼》 儒家经典，是西周时期的著名政治家、思想家、文学家、军事家周公旦所著。《周礼》所涉及之内容极为丰富。大至天下历象，小至草木虫鱼。凡邦国建制，政法文教，礼乐兵刑，赋税度支，膳食衣饰，寝庙车马，农商医卜，各种名物、典章无所不包。堪称为上古文化史之宝库。

■青团

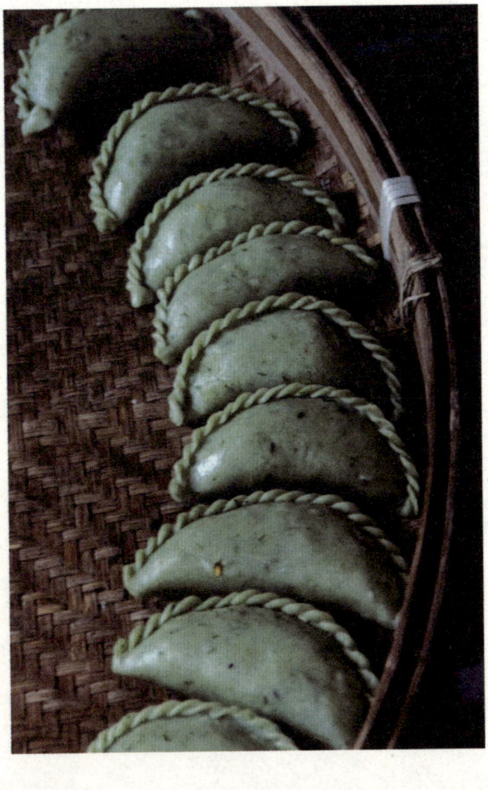

清甜甘香，软糯可口，带有艾叶香气。

方法二是用艾草摘取嫩茎和叶，洗净后放入加有碱水的沸水中，碱水具有保持青绿颜色的作用，煮沸后待艾草发软后捞出，滤出汁水待用。

做青团之前再用清水洗去碱水，再把这些漂洗干净的艾草用纱布包着挤干水分后用刀斩碎，再用手掰成一小戳一小戳的待用。

糯米粉与籼米粉以1比1的比例对和后加水和至半潮，把粉放入大蒸笼，粉顶上放艾草，开始放在锅里蒸熟。待锅中的青团香味四溢时，就表明食物蒸熟了。

此时，就要端起蒸笼倒到石臼中，男人手握大石杵，先用小气拈，把艾草和粉拈在一起。拈完以后，男人捣、女人在一边翻着粉。每捣一下就要翻一下盖住捣出来的窟窿。

最后，粉变得黏滑没有颗粒感了，就可以拎到盆里放在桌子上了。这时要赶紧趁热“捉”，把这个半成品拉出来再从拇指与食指间挤出一个小团，拍扁了裹上金黄色的松花粉，一个又香又滑又糯的青团就出炉了。

阅读链接

在我国古代，每逢寒食节，人们便不生火做饭，只吃冷食。青团就是事先做好无需加热的食品。或者根据各人喜好包裹进不同的馅料蒸制而成。

在我国其他地区也有类似的传统糕点，制作方法及食用习俗与青团大同小异，皆为清明前后的糯米或黏米制成。

在广东及台湾客家地区称为“艾粄”，江西客家地区称为“艾米果”，在闽南及潮汕地区称为“艾粿”，而广府地区则常称作“艾饼”。

热闹非凡的赏花和蚕花会

每到寒食清明时节，真可谓是“春禽得意千般语，草卉无名百种香”。春风恰应时节，花开尽如人意。此种时节，正是人们游春赏花的大好季节。

赏花仕女图

自古以来，我国民间就有“上有天堂，下有苏杭”的说法。杭州清明节赏花，无疑要胜于其他地方。

寒食清明节赏花的品种有数十种之多。其中主要品种有杏花、海棠花、牡丹花、梨花以及杜鹃花等。

杏是我国著名的观赏

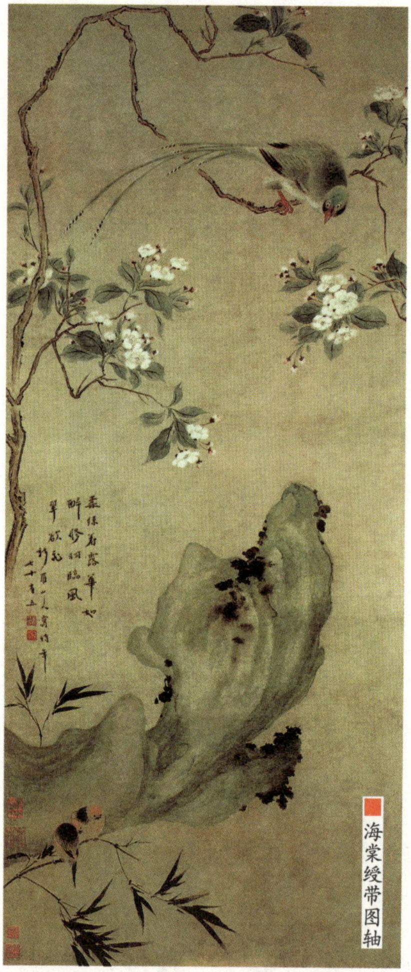

海棠绶带图轴

树木，其花色又红又白，胭脂万点，花繁姿娇，占尽春风。杏花可以配植于庭前、墙隅、道路旁、水边，也可群植、片植于山坡、水畔。杏树树龄长，可活到一百年以上，是春季主要的观赏树种。

在元代诗人刘炳的《寒食客秦淮》中就有关于杏花的诗句：

今年寒食客秦淮，
杏花李花无数开。

海棠花开娇艳动人。由于花色艳丽，一般多栽培于庭园供绿化用。海棠花姿潇洒，花开似锦，自古以来是雅俗共赏的名花，素有“花中神仙”“花贵妃”“花尊贵”之称，在皇家园林中常与玉兰、牡丹、桂花相配植，有“玉棠富贵”的意境。

海棠花常植于人行道两侧、亭台周围、丛林边缘以及水滨池畔等。

明代僧人明秀《过孙山人故居》诗写道：

燕子归来寒食雨，春风开遍野棠花。

描述的就是寒食节时野棠花盛开的景象。

明秀 明代著名的诗僧，号雪江，与郑少谷、孙太初、沈石田诸人交往甚厚，族人出自海盐王姓，出家于钱塘胜果寺。他在《哭郑善夫》诗中有“少谷高人无日起，百年清泪几时收。呜呼沧海谈诗夜，翻作延陵挂剑秋”的著名诗句。

牡丹花是我国固有的特产花卉，被拥为花中之王，有关的文化和绘画作品很丰富。作为我国国花，牡丹花有数千年的自然生长和两千多年的人工栽培历史。其花大、形美、色艳、香浓，为历代诗人所称颂，因而素有“百花之王”的美誉。

毛滂（1056—1124），字泽民，衢州江山人。生于“天下文宗儒师”世家。他自幼酷爱诗文辞赋，哲宗元祐年间为杭州法曹，苏轼曾加荐举，受知府苏轼赏识并赞称：“文词雅健，有超世之韵。”一生仕途失意。毛滂诗词被时人评为“豪放恣肆”。

牡丹作为观赏植物始自南北朝时期，文献多有记载。刘赛客的《嘉记录》说：“北齐杨子华有画牡丹”，牡丹既已入画，其作为观赏的对象已确切无疑，可见牡丹在我国至少已经栽培了1400年。

到了唐代，牡丹栽培开始繁盛。牡丹花大色艳，品种繁多。

宋人毛滂在《寒食初晴见牡丹作》中就有这样的佳句：

魏紫姚黄欲占春，
不教桃杏见清明。

女子赏牡丹花

梨花，别名玉雨花、瀛洲玉雨，通常指梨树上盛开的纯白色的花，常见于古诗词中。梨既是一种著名果树，又是著名的观赏植物。我国人民自古以来就喜爱梨花，并对其赋予了许多诗情画意。

宋代诗人陆游有诗道：

粉淡香清自一家，未容桃李占年华。
常思南郑清明路，醉袖迎风雪一杈。

古代女子赏花图

在文人眼里，梨花最宜月下或雨后观赏。群植而远观效果则更好，梨树的树形亭亭玉立，花色淡雅，叶柄细长，春风过时，临风叶动，响声悦耳。

明代陈继儒《南都》诗道：

寒食斗鸡归去晚，院门新月印梨花。

这些诗句记述了当时古人在清明时节赏梨花的情景。

杜鹃花是我国十大名花之一，它在所有观赏花木之中，称得上花、叶兼美，地栽、盆栽皆宜，用途很广泛。杜鹃花盛开之时，恰值杜鹃鸟啼之时，古人留下许多诗句和优美、动人的传说，并有以花为节的习俗。

杜鹃花花繁叶茂，绮丽多姿，萌发力强，耐修剪，根桩奇特，是优良的盆景材料。

陈继儒（1558—1639），字仲醇，号眉公、麋公，明代文学家、书画家。他工诗善文，擅长墨梅、山水，论画倡导文人画，持南北宗论，重视画家的修养，赞同书画同源。有《梅花册》《云山卷》等传世。著有《妮古录》《陈眉公全集》《小窗幽记》。

唐代成彦雄《杜鹃花》诗道：

一声寒食夜，数朵野僧家。

唐代诗人曹松《寒食日题杜鹃花》道：

一朵复一朵，并开寒食时。

曹松（828—903），字梦徵，唐代晚期诗人。早年曾避乱栖居洪都西山，后依建州刺史李频。李频死后，流落江湖，无所遇合。901年，即光化四年中进士，时年已70多岁，特授校书郎而卒。主要成就有《曹梦征诗集》，代表作品为《己亥岁》。

在我国历史上，曾出现过许多寒食节嗜好赏花之人。《花庵词客》一书中，介绍北宋词人仲殊，此人本是安州进士，因其妻以药毒之，仲殊食蜜解毒。

仕女赏花图

苏东坡念其大难不死，送其名为“蜜殊”。仲殊后出家为僧，每年禁烟赏花时，即置酒接待宾客，还美名曰“看花局”。仲殊一生填词甚多，以小令《诉衷情·寒食》为最。

据说，大文学家苏东坡在37岁时，有幸参加了杭州钱塘寺赏花会。两年后，清明节发生一场雨雹，病中的苏东坡担心花存无几，于是他写了《惜花》诗一首：

吉祥寺中锦千堆，前年赏花真盛哉。
道人劝我清明来，腰鼓百面如春雷。
打彻凉州花自开，沙河塘上插花回。
醉倒不觉吴儿咍，岂知如今双鬓催。

蚕花会

由此可见，寒食清明之花在古人的眼中持久绽放，并让后人在脑海中久久地回味。

除了清明节赏花，另一特有的民俗文化就是蚕花会。过去清明节期间，在浙江梧桐、乌镇、崇福、洲泉等地，都有此项民俗活动。其中，以洲泉的马鸣庙和青石的双庙渚的蚕花会最为精彩隆重。

当地居民在每年清明夜开始设祭，进行襄白虎、斋蚕神等活动，期间要烧香祈蚕，抬着蚕花轿出巡，妇女、孩童沿途拜香唱曲，汇集普静寺，俗称“蚕花会”。

乌镇有句民谣：

三月三、庙门开，乡下蚕娘出门槛，东亦逛、西亦颠，轧朵蚕花回家来。

白虎 在我国传统文化中是指道教西方七宿星君四象之一。根据五行学说，它是代表西方的灵兽，因西方属金，色白，故称白虎，代表的季节是秋季。二十八宿的西方七宿奎、娄、胃、昴、毕、觜、参，其形像虎，位于西方，属金，主杀伐，色白，总称白虎。

生动地再现了当地养蚕人的生活。乌镇地处杭嘉湖平原腹地，栽桑养蚕已有上千年的历史。古代人们养蚕靠天时，蚕农们为了祈求神灵的庇护，形成诸多的蚕乡习俗。

蚕花会在香市期间，赶香市时，农村妇女们烧烧香，祭祭神灵，或添置一些蚕具、农具和日用品，除此之外还有一项很特别的民俗活动，那就是在庙里烧过香之后，还要到土地庙前面的水潭里洗洗手，俗称“洗蚕花手”。据说，在那里洗过手以后，养起蚕来就特别顺手，蚕也会无病无灾。

清明节这天，上午9时，桐乡市洲泉镇的水上蚕花会，在喧天的锣鼓声中也会拉开帷幕。古韵依旧的水上蚕花会吸引当地几万名乡民前来“捧场”。传统手工缫丝、土布机织布、高杆船表演等一个个具有蚕

蚕娘 是指农家养蚕女。唐代赵氏在《寄情》一诗中有“春风白马紫丝韁，正值蚕娘未采桑”的名句。前蜀贯休在《春晚书山家屋壁》诗中也有“蚕娘洗茧前溪渌，牧童吹笛和衣浴”的诗句。

■蚕花会祭祀

乡特色的节目，让在场的观众拾回了儿时的记忆。

洲泉镇的水上蚕花会起源于南宋年间，至今已有800多年历史，是当地蚕农祈求蚕桑丰收的重要民俗仪式。以往，水上蚕花会都是蚕农们自发举办的，后来随着经济的发展，从事蚕桑业的村民越来越少，水上蚕花会就中止了。

后来，随着民俗文化的发展，中断了近百年的水上蚕花盛会得以恢复，水上蚕花盛会得以重现生机。蚕花会虽然只有短暂的一天，却是四方乡民的狂欢节。很多蚕农为了赶赴盛会，天蒙蒙亮就徒步出发了。上午9时不到，小小的双庙渚会场早已被万名乡民围得水泄不通。

蚕花会龙灯

祭坛 是古代用来祭祀神灵、祈求庇佑的特有建筑。先人们把他们对神的感悟融入其中，升华到特有的理念，如方位、阴阳、布局等，无不完美地体现于这些建筑之中。祭祀活动是人与神的对话，这种对话通过仪礼、乐舞、祭品，达到神与人的呼应。

从仪式开始，围在小河两岸的乡民的笑声就一直不断，蚕神娘娘船、缫丝船、蚕凳龙船和拜香船让人大开眼界，摇快船比赛更是让乡民们齐声呐喊，而压轴戏高杆船表演则把盛会推向了高潮。

表演者在数十米高的竹竿上表演了田鸡伸懒腰、倒挂锄头等一系列高难度动作，惊险的表演让万名观众凝神屏气。据了解，高杆船表演已传承了七代延续了100多年的历史。

杭州桐乡芝村有个龙船庙，蚕农在庙前河中集合，用雨船并在一起为祭坛，上供蚕神，设供品，祈求蚕业丰收。

然后是表演文艺节目，号称蚕花盛会，实为祭蚕神仪式。祭蚕是为了蚕业丰收，同时也有求子风俗，如芜湖过“真清明”时，在前一天准备一个南瓜，第二天煮熟，夫妻对坐食南瓜，认为吃南瓜能生男娃。

有的地方举办蚕花盛会，规模特别庞大。由年轻女子扮演的貌美如仙的“蚕花娘子”在数万蚕农的簇拥下，沿街播撒蚕花。一时间，人们欢声笑语，场面热闹非凡。

马鸣庙位于洲泉镇西，在当地有“庙中之王”之称，每年蚕花会人山人海，活动频繁，有迎蚕神、摇快船、闹台阁、拜香凳、打拳、龙灯、翘高竿、唱戏文等10多项活动。

这些活动有的在岸上进行，绝大多数在船上进行，极具水乡特色。后来的乌镇香市活动中的蚕花会，仅有迎蚕神、踏白船、翘高竿等几个项目。

蚕花节也是新市镇的一项传统民俗活动。每年清明，蚕农们都要进城参加蚕花会，期望桑蚕丰收。

阅读链接

一些诗人在寒食清明节赏花，是从多角度多层面观赏的。

有人从每年种花的角度赏花道：“今日颜色好，明日风光别。年年送清明，一树东栏雪。”有人从落花的角度发感慨道：“节当寒食半阴晴，花与蜉蝣共死生。”有人则从惜花的心态品花：“好天良夜三通角，寒食清明一掷梭。”有人则从花的品姿欣赏道：“寒食花藏县，重阳菊绕弯”等。

更有人因寒食节在新馆看不到花，写出《思花》的诗句道：“四围击柝锁重扉，春去春来总不知。”

明清时期清明习俗的演变

朱元璋画像

清明扫墓，谓之对祖先的“思时之敬”。明《帝京景物略》载：

三月清明日，男女扫墓，担提尊榼，轿马后挂楮锭，粲粲然满道也。拜者、酹者、哭者、为墓除草添土者，焚楮锭次，以纸钱置坟头。望中无纸钱，则孤坟矣。哭罢，不归也，趋芳树，择园圃，列坐尽醉。

民间扫墓祭祖如此重视，皇

明代皇帝仪仗

家对清明自然更视同非常。在明朝，祭祀祖陵的仪式相当严格。《明仁宗实录》记载，1424年，朱高炽派敕守南京的驸马都尉沐昕去祭祀孝陵，口谕：

自今孝陵四时祭祀，命尔行礼，必诚敬请清洁以格神明，不可纤毫怠忽。

明仁宗朱高炽是朱棣的长子，朱元璋的孙子。这时大明王朝的都城已经迁到了北京，他不敢忘记祭祀南京的孝祖陵，对祭祖陵丝毫不敢大意，虔诚万分，因为那牵涉到神灵保佑之大计，事关国体。

皇家陵寝，除了忌辰外，四时八节都要祭祀，但重点不同，各个朝代的礼仪要求亦有别。

《明会典》记载，建文帝朱允炆初年，定孝陵的

朱棣（1360—1424），朱元璋第四子。明朝第三位皇帝，谥号“启天弘道高明肇运圣武神功纯仁至孝文皇帝”，原庙号太宗，后由明世宗改为成祖。一生文治武功赫赫。他统治期间社会安定、国家富强，后世称这一时期为“永乐盛世”，明成祖也被后世称为永乐大帝。

进士　我国古代科举制度中，通过最后一级中央政府朝廷考试的人称为进士。是古代科举殿试及第者的称呼。意思是可以进授爵位的人。隋炀帝大业年间始置进士科目。唐代也设此科，凡应试者称为举进士，中试者都称为进士。元、明、清时期，贡士经殿试后，及第者皆赐出身称进士。

祭祀安排为“五小祭”“三大祭”。由主管祭祀的太常寺具体操办负责。

“五小祭”里包括朱元璋（闰）五月初十、马皇后八月初十这两个忌日；“三大祭”，就是指清明、中元、冬至三大节气，其中，清明祭陵为“三大祭”之第一祭。

“三大祭”都是“日祭”，使用“牲醴”“牲醴”指的是牲口和甜酒，大小官员也都得参加。

明万历年间进士，官至吏部侍郎的顾起元所著的《客座赘语》记载：

凡三大祭，用祝版。已上祭祀俱百官陪祭，遣守备武臣行礼。

城隍庙

祭陵过程中，官员的行为举止得有分寸，连怎么走都有规定。不仅不能乱言语，行祭时连咳嗽都不准的。如果有人咳嗽，或是弄出声响来，就会遭到内侍官员的严厉训斥。有的官员为逃避祭祀之辛苦，常常在清明节时称病请假，躲起来不参加。

祭陵时，祭祀物品品种很多，牛、羊、猪、鹿、兔、鸡、鱼、时令蔬菜。而且，到什么季节，上什么祭品。

三苏祠

扫墓历来被视为清明节最重要的习俗。《清通礼》是把修整坟墓解释为“扫墓”名称的来由：

> 岁，寒食及霜降节，拜扫圹茔，届期素服诣墓，具酒馔及芰剪草木之器，周胝封树，剪除荆草，故称扫墓。

1530年，明世宗诏令两京国子监及天下郡县都要建立启圣祠奉祀。此外，鲁城东有颜林，是先师究国公墓，墓祀日期也为一年两次，即春用清明节，冬用孟冬朔日，由宗子博士主祭。据广西梧州府《怀集县志》载，县有孔公祠，每岁清明日与厉坛同日祭。

一些地方还在清明这一天，祭祀和本土相关的生前要人。如河南汝州郏县西有三苏墓，为宋代大文豪苏东坡与其弟苏辙的葬地。每逢清明节，这里的守官和乡民届时要到坟地拜扫。

清明节，举国上下一致的祭奠活动首推祭厉坛。据各府州县志

■ 西安都城隍庙古建筑

书，各地均设建厉坛。设建厉坛其因与诏文见于《明会典》。

1393年，明代在国内各府州和县都建立厉坛，礼部曾颁发有定礼及钦定祭文。

按照各地志书中载叙，厉坛一般建在城北附近，每年清明日，农历七月望日、农历十月朔日致祭。

清明日祭祀前3日内，先由地方有司移牒城隍。到了祭祀那天，将城隍神奉请于厉坛内，让其南向，无祀鬼神名位奉陪于左右两侧。

老北京的清明节，有一个重要习俗，就是去城隍庙烧香叩拜求签还愿问卜。

城隍庙，起源于古代的水，“城隍”最早的含义是由水庸衍化而来的。“城”原指挖土筑的高墙，“隍”原指没有水的护城壕。

灶王爷 即灶神，是我国古代神话传说中的司饮食之神。秦汉以前更被列为主要的五祀之一，和门神、井神、厕神和中溜神五位神灵共同负责一家人的平安。灶神之所以受人敬重，除了因掌管人们饮食，赐予生活上的便利外，灶神还是玉皇大帝派遣到人间考察一家善恶之职的官。

古人造城是为了保护城内百姓的安全，所以修了高大的城墙、城楼、城门以及壕城、护城河。他们认为与人们的生活、生产安全密切相关的事物，都有神在。

于是，城和隍被神化为城市的保护神。道教把它纳入自己的神系，称它是剪除凶恶、保国护邦之神，并管领阴间的亡魂。

在明清时期，老北京有七八座城隍庙，香火亦以那时最盛。城隍庙里供奉的“城隍爷”，是那时百姓信奉灶王爷、财神爷外最信奉的神佛。

相传，城隍爷就是纪信，秦末汉初时期刘邦的部将。公元前204年，纪信在荥阳城被围时假扮做刘邦的模样而让刘邦逃脱，自己也因此被俘，后被项羽处死。

城隍爷 是冥界的地方官，职权相当于阳界的城市长官。城隍产生于古代祭祀而经道教衍生的地方守护神。城隍本指护城河，祭祀城隍神的例规形成于南北朝时。唐宋时，城隍神信仰滋盛。宋代列为国家祀典，元代封之为佑圣王。明初，大封天下城隍神爵位，分为王、公、侯、伯四等。

纪信雕塑

刘邦战胜项羽后，建都长安，在庆功会上想起了纪信的功劳，就对满朝文武大臣说：“纪信功高德重，没有他献计献策，怎能有我刘邦的今天？我封他为督城隍，把他的家乡改名为我先前的封号——汉王，把他的骨灰送家乡安葬，并建庙塑像，永远享受香火。”

后来刘邦下令全国建城隍庙。故后人称纪信庙为“城隍庙”，纪信像为“城隍老爷”。

城隍庙在每年的清明节开放时，人们纷纷前往求愿，为天旱求雨，出门求平安，有病企求康复，

轿 一种靠人或畜扛、载而行，供人乘坐的交通工具，曾在东西方各国广泛流行。就其结构而言，轿子是安装在两根杠上可移动的床、坐椅、坐兜或睡椅，有篷或无篷。轿子最早是由车演化而来。轿子在我国大约有四千多年的历史。

为死者祈祷冥福等诸事焚香拜神。那时庙会内外异常热闹，庙内有戏台演戏，庙外商品货什杂陈。

旧时还有城隍爷出巡之举。届时，人们用八抬大轿抬着用藤制的城隍爷在城内巡走，各种香会相随，分别在城隍爷后赛演秧歌、高跷、五虎棍等，边走边演，所经街市观者如潮。场面十分热闹。

民间还有一首杂咏诗写道：

神庙还分内外城，春来赛会盼清明。
更兼秋始冬初候，男女烧香问死生。

说的就是清明节这一古老习俗。

古城西安的清明节，人们也习惯于去都城隍庙求愿。都城隍庙始建于明代，是当时天下三大城隍庙之一，统辖西北五省，故称“都城隍庙”。

庙里主要供奉古城西安的保护神城隍老爷，主管

西安都城隍庙

城隍老爷像

功名科举的文昌帝君，忠义无双的关圣帝君，赐人子嗣的九天圣母、送子娘娘，保佑健康长寿的药王孙思邈和有求必应的吕洞宾祖师等。

清代重修后的都城隍庙焕然一新，整座庙观布局整体左右对称，规模宏大，雕梁画栋，巧夺天工，是一座建筑艺术的宝库，也是道教文化的圣地。真可谓是信徒众多，香火鼎盛。

如果适逢都城隍庙的“癸巳年清明节冥阳普福法会暨忠孝祠开放典礼”，那便是非常幸运的事了。

届时，笙鼓齐鸣。大殿里，城隍老爷端坐正中，四大金刚分列两边，威严庄严。穿红衣道袍的道士们面对庄严祖师，齐声诵读，时而跪拜，时而吟唱，手里钟铙钹磬齐响，仙乐铮铮。

旁观者听不懂吟唱的内容，也不清楚法会的仪式含义，却能感受到道家法会的庄严和神秘。

法会通常要举行一个多小时才宣告结束，虽然人

跪拜 跪而磕头。在我国的旧习惯中，作为臣服、崇拜或高度恭敬的表示。古人席地而坐，“坐”在地席上俯身行礼，自然而然，从平民到士大夫皆是如此，并无卑贱之意。只是到了后世由于桌椅的出现，长者坐于椅子上，拜者跪、坐于地上，“跪拜”才变成了不平等的概念。

明代京郊盛景

不太多，但来的人都有庄严之心。人们赶在清明，在都城隍庙燃一炷香，寄托对逝者的哀思，对生者的祈福。

明清时期，踏青依旧是国人经久不衰的活动项目之一。

明蜀成王让栩《拟古宫词》言民间踏青曰：

城外清风卷薄尘，传言都道踏青人。繁华满目开如锦，唯此宫中不见春。

明代刘侗、王奕正合撰的著名方志《帝京景物略》中记载有京郊当年清明踏青时的一幕场景：

……玉泉三十里至桥下，夹岸高柳，丝垂到水。绿树绀宇，酒旗亭台，广亩小池，荫爽交匝，岁清明日，都人踏青。舆者、骑者、步者、游人以万计……

明清年间一些府、州、县志中也不乏记载着有关清明节踏青的内容：《济南府志》曰：

清明节士女盛饰，结伴游春，或携酒肴郊饮，谓之踏青。

兖州府《沂州志》载：

三月清明，男女墓祭后出郭踏青。女子为秋千戏，男斗百草。

河北《永平府志》载：

清明展墓，连日倾城踏青、看花、挑菜、簪柳、斗百草……家家树秋千为戏，闺人挝子儿赌胜负，童子团纸为风

鸢，引绳放之。山原车马，尊罍相接，道隅馂余而多醉歌矣！

《顺天府志》载：

清明日以纸钱置坟头，望之无纸钱则孤坟矣。哭罢不归也。趋芳树择园圃，列坐尽醉。有歌者，哭笑无端者……是日簪柳，游高梁桥，曰踏青，多四方客，未归者，祭扫日感念出游。

安徽《凤阳府志》载：

清明各家坟茔添土……是日前后，士民携酒肴游郊外，谓之踏青。

福建《兴化府志》载：

清明节前后，乡学生相与据钱为酒食，邀先生和先生之友，于形胜处饮宴，以余钱奉师，谓之光斋，亦谓之浴沂会……

除近郊踏青外，历史上一些名人志士还经常在清明节选择名山胜地观光旅游。

历史上曾是辽金别都之城萧太后故居，后又名梁氏园，明代文学家刘定之在清明节到此一游，写有《游梁氏园记》名篇。

明代文学家袁宏道，于清明日有幸与曾太史等陪祀昭陵，随之谒皇明诸陵看山，而后写成《陪祀昭陵看山记》。

明代杂剧作家周宪王《和白香山何处难忘酒》，一鼓作气写出六首。第一首诗道：

何处难忘酒，年光似掷梭。
清明怜已过，春色苦无多。
席上红牙板，花前皓齿歌。
此时无一盏，争奈牡丹何。

周宪王惜清明时节的感受，较前辈白居易有过之而无不及。

萧太后（953—1009），即萧绰，辽朝皇太后。辽代女军事统帅、政治家。小字燕燕。辽景宗耶律贤的皇后，在民间戏曲中被称为萧太后。969年，她被册封为皇后，因辽景宗体弱多病，所以萧绰多临朝摄政，景宗去世，年仅35岁。萧绰在母寡子幼的情况下稳定了辽朝局势。

清明踏青

马球表演塑像

河南府城北5千米处有山曰北邙山，又名太平山。该地为东洛九源之地，历史上多少次战争发生在这里。明代巡抚张楷在清明节时，来到此处，挥毫写下《和王仲初北邙行》：

贵贱终归一抔土，请看北邙山上墓。
墓地渐多闲地稀，卜兆谁能择佳处。
旧坟十家九磨灭，愁杀清明二三月。
新坟添土祭奠回，纸钱猎猎烧坟台。

周宪王（1379—1439），朱有燉，号诚斋，又号锦窠老人、全阳道人、老狂生、全阳子、全阳老人。明代的杂剧作家。安徽凤阳人。明太祖朱元璋第五子朱橚的长子。袭封周王，死后谥宪，世称周宪王。他为了避祸，远离政治，专意戏曲和戏曲创作。作有杂剧31种，均存。诗文集有《诚斋集》。

明代著名文学家谭元春在“时方清明，男妇鬓生柳枝”时节，乘兴登游，之后写成名作《游元岳记》散文。

江西省南昌府有名山麻姑山，系道书中二十八洞天所在地。明代著名学者熊人霖清明后五日晨起，乘舆游览了该山，一连写出诗作《游麻姑山》和散文《游麻姑山记》等诸多佳作。

除了踏青春游，宫廷内外至民间在清明期间亦盛行折柳、荡秋千、斗鸡、打马球、放风筝等娱乐活动。

明诗人黄世康《新柳篇》诗句道：

离亭欲折未堪折，昨夜回风复回雪。
黯黯妆成寒食天，毵毵怯近清明节。

这首诗即是对清明折柳习俗的生动描述。

明代才子唐伯虎曾经写过一首《秋千诗》：

二女娇娥美少年，绿杨影里戏秋千。
两双玉腕挽复挽，四只金莲颠倒颠。
红粉面对红粉面，玉酥肩共玉酥肩。
游春公子遥鞭指，一对飞下九重天。

巡抚 古代官名，又称抚台，明清时地方军政大员之一，巡视各地的军政、民政大臣。清代巡抚主管一省军政、民政。以“巡行天下，抚军按民”而名。清代，地方大员的品级为：总督、巡抚，总督官衔略高于巡抚，前期督权远过于抚。北周与唐初均有派官至各地巡抚之事，系临时差遣。

■ 古代女子清明进香图

《宣宗行乐图》

而在宫廷之中，清明斗鸡娱乐更加普及。明代文学家、画家陈继儒反映南部官绅生活诗作，就有关于寒食斗鸡的描述：

太平风景是京华，白马黄衫七宝车。
寒食斗鸡归去晚，院门新月印梨花。

明代诗人陈悰有《天启宫词》斗鸡篇的诗句：

宫人相约斗鸡来，笼幔青红背面开。
四百喙残高唱歇，当场双系彩球回。

这首诗非常形象地描述了当时宫廷内斗鸡热闹非凡的场景。

明代，马球仍然很流行。《续文献通考·乐考》记载，明成祖曾数次往东苑击球、射柳。明《宣宗行乐图》长卷中，绘有宣宗赏马球

之场面。

古时，在北京的白云观前，也有群众骑马击球之典。清代天坛一带也还有马球运动，直至清中叶之后，马球才消失了。

唐宋时期流行的清明蹴鞠运动，在朱元璋称帝以后，下旨“蹴鞠者卸脚”，严禁军人蹴鞠，但由于蹴鞠运动本身的魅力所在，蹴鞠在民间依然盛行。

元明以后，蹴鞠活动逐渐走向纯娱乐的游戏形式。在明代杜堇绘制的《仕女图》中，就有一幅表现仕女蹴鞠的画面，图中，有几个仕女在做蹴鞠游戏，其中一人正腾身以足踢球，两边的伙伴在聚精会神地盯着被踢起的皮球，画面生动有趣。

至清代，蹴鞠活动主要成为妇女、儿童的游乐内容，爱好溜冰的满族人还将其与滑冰结合起来，发明了一种冰上蹴鞠运动。清代中叶以后，随着西方足球的传入，我国传统的蹴鞠活动就被取而代之了。

吃青精饭的习俗在这一时期也得到了沿袭。明末张岱在《夜航

古代仕女蹴鞠图

船》中有“青精饭”一条，当指后者：

道士邓伯元受青精石，为饭食之，延年益寿。

张岱的这一说法，已见于宋梁克家《淳熙三山志》的记载：邓伯元、褚伯玉、王玄甫等人在霍童山上，“授‘青精饭食、白霞丹景’之法，见五脏，夜中能书”。

董其昌在《画禅室随笔》又有另一说辞：

王烈入太行山，忽闻山如雷声。往视之，裂百余丈。一径中有青泥流出，烈取抟之，即坚凝，气味如香粳饭。

清代顾禄《清嘉录》记载：

四月八日，市肆煮青精饭为糕式，居人买以供佛，名曰阿弥饭，亦名乌米糕。

清代诗人袁枚的《随园食单》还记载有用青精饭做的“溧阳乌饭酒”，颇似女儿红：

余素不饮。丙戌年，在溧水叶比部家，饮乌饭酒至十六杯，旁人大骇，来相劝止。而余犹颓然，未忍释手。其色黑，其味甘鲜，口不能言其妙。

据云溧水风俗：生一女，必造酒一坛，以青精饭为之。俟嫁此女，才饮此酒。以故极早亦须十五六年。打瓮时只剩半坛，质能胶口，香闻室外。

袁枚（1716—1797），字子才，号简斋，晚年自号仓山居士、随园主人、随园老人。清代诗人、散文家。乾隆年间进士，历任溧水、江宁等县知县，有政绩，他40岁即告归。在江宁小仓山下筑随园，吟咏其中。袁枚是乾嘉时期代表诗人之一，与赵翼、蒋士铨合称“乾隆三大家”。

清代，随着火柴从国外的引进，每到清明时节，人们不再需要像过去那样，把烧红了的木炭放在火灰中保留火种了，取火的方法及过程越来越简单容易，新火和旧火没有多少区别。故而清明保留火种的习俗逐渐被淡忘。

早在宋朝清明节，除了街市上所卖的稠饧、麦糕、乳酪、乳饼等现成的食品之外，百姓人家还自制一种燕子形的面食，称为“枣锢飞燕”，据说是从前用来祭拜介之推的祭品。

古代母子清明踏青画面

古代清明节扫墓

明朝人还会留下一部分的枣锢飞燕，到了立夏，用油煎给家中的孩童吃，据说吃了以后，可以不蛀夏。

清明是福州民间的一个重要节日。扫墓的供品并不复杂，只有光饼、豆腐和面点等，但有一主味是绝对少不了的，即福州特制的“菠菠粿”，也叫“清明粿”，这是福州特有的清明节供品。

是用菠菠菜，即生长于南方的一种野菜，可食，味甘，性凉，捣烂压成汁呈青绿色。把菠菠菜压榨成汁，渗入米浆内揉成粿皮，以枣泥、豆沙、萝卜丝等为馅捏制而成。造型比较简单，菠菠菜的青绿色赋予菠菠粿以春天的绿意。关于这一习俗，在宋、元、明三朝未见记载，大约在清代乾隆以后才逐渐兴起。

考其渊源，应由“寒食”和“青饭”演变而来。寒食的食物各地不同，《淳熙三山志》记载：

州民踏青，东郊尤盛，多拾野菜煮 ，谓之菜 ，亦唐人杏粥、榆羹之意也。

即野菜和肉羹一起煮成的菜粥。菠是福州出产的野菜，“菜菠菠粥”后来就演变成“菠菠粿”。至于“青饭”风俗则源于任敦食枳叶染饭成仙的故事。这风俗流传福州已有悠久历史，《三山志》记载：

南枳木冬夏常青，取其叶捣碎渍米为饭，染成绀青之色，日进一合，可以延年。

“南枳”就是现在的乌饭树。这种用植物染色的米饭，后来也发展为制粿。

阅读链接

在清代的清明节美食中，以“李鸿章大杂烩”最为著名。

据说，光绪年间，李鸿章访美，曾以中国菜宴请美国政要，菜肴中即有李鸿章的家乡菜大杂烩，美国客人觉得非常好吃，便问此菜名，李鸿章告之。后来，人们就把这道菜称为“李鸿章大杂烩”。

“李鸿章大杂烩”的原料大略有鱼翅、海参、鱿鱼、鱼肚、干贝、鸡肉、猪肚、火腿、鱼肉、冬菇、鸽蛋、腐竹、玉兰片等项，工艺也复杂，远非百姓人家所谓“折罗”可比。

李鸿章名着“杂烩”，虽有些无厘头，但观其一生，其调和才能，亦值得后世人赞赏。

独特的老北京清明节凉食

传统的寒食又称“换火节”，说的是家家户户烧了一冬的炉膛，开春后要灭火清理了，所以家里停火一两天，只能吃凉食了。

在众多的清明节凉食中，最出名的要数老北京的凉食。老北京的凉食品味独特，品类齐全，最著名的要数“寒食十三绝”了。

北京小吃焦圈

所谓十三绝，就是指姜丝排叉、硬面饽饽、焦圈、糖卷馃、豌豆黄、艾窝窝、马蹄烧饼、螺蛳转儿、馓子麻花、驴打滚、糖耳朵、糖火烧和芝麻酱烧饼13种食品。

姜丝排叉。又叫“姜汁排叉”“姜酥排叉”“蜜排

■豆汁儿焦圈

叉”。它不但是北京传统小吃，也是北京茶菜的一个品种。

茶菜是满族、回族礼仪性食品。满族人在设席宴客时，习惯用茶及茶食为先，然后才是冷荤、热菜、甜食、汤等，一定按顺序上。回族人不饮酒，但为了礼节，多以茶代酒，因而茶菜是必不可少的。

硬面饽饽。是过去北京小吃中，夜间供应的一种面食，也是常见品种。硬面饽饽是一种似烧饼大小的混糖戗面火烧，入口有咬劲，微甜且香，用手一掰掉渣。

由于人们生活习惯改变，生活水平提高，走街串巷卖小吃的减少，后来已经很少能见到了。

老北京的焦圈，男女老少都爱吃，酥脆油香的味儿，真叫人吃不够。北京人吃烧饼，常爱夹焦圈，喝豆汁也必吃焦圈。

焦圈是一种古老食品，制作比较麻烦，由于劳效

回族 我国五十六个民族之一。是我国分布最广的少数民族，在居住较集中的地方建有清真寺。7世纪中叶，大批波斯和阿拉伯商人经海路和陆路来到我国的广州、泉州等沿海城市以及内地的长安、开封等地定居。13世纪，蒙古军队西征，西域人大批迁入我国，吸收汉、蒙古、维吾尔等民族成分，逐渐形成了一个统一的民族——回族。

太低，一般吃食店不愿制作。说到炸焦圈，北京人都知道一个“焦圈俊王”。

他的技艺一般人不能与之相比，炸出的焦圈个个棕黄，大小一般，特别是具有香、酥、脆的特点，放在桌上，稍碰即碎，决无硬艮的感觉。

糖卷馃。是最具特色的清真节日食品，也是北京风味小吃中的名品，主料为山药和大枣，配以青梅、桃仁、瓜仁等辅料，具有滋补作用，同时糖卷馃也是一道药膳。

豌豆黄。是北京春夏季节的一种应时佳品，主料为去皮老豌豆、琼脂、白砂糖、清水和碱面。

按北京习俗，农历三月初三要吃豌豆黄。因此，每当春季豌豆黄就上市，一直供应到春末。北京的豌豆黄分宫廷和民间两种。

豌豆黄原为民间小吃，后来传入宫廷。清宫的豌豆黄，用上等白豌豆为原料，做出成品色泽浅黄、细

焦圈俊王 老北京制作烧饼焦圈的名家——俊王从清朝光绪年间开始制作烧饼焦圈。因为第一代传人长得高大白胖，模样俊俏，又姓王，所以人送外号“俊王”。100多年来“俊王”的烧饼烤出来后外观并没有什么过人之处，可咬一口里面竟有十几层，外焦里嫩，香气扑鼻。

■豌豆黄

■艾窝窝

腻、纯净，入口即化，味道香甜，清凉爽口。因慈禧喜食而出名。

其制法是，将豌豆磨碎、去皮、洗净、煮烂、糖炒、凝结、切块而成。传统做法还要嵌以红枣肉。

糙豌豆黄儿是典型的春令食品，常见于春季庙会上。例如在三月三蟠桃宫，“小枣糙豌豆黄儿”便是时令鲜品。

艾窝窝。是北京传统风味小吃，也属春秋食品，后来一年四季都有供应。艾窝窝原为“御艾窝窝”，后来在明代由宫廷传入民间。

每年农历春节前后，北京的小吃店要上这个品种，一直卖到夏末秋初。艾窝窝历史悠久，明代万历年间内监刘若愚的《酌中志》中说：

以糯米饭夹芝麻糖为凉糕，丸而馅之为窝窝，即古之“不落夹”是也。

刘若愚（1584—？），明宫廷杂史《酌中志》作者。《酌中志》是一部明宫廷事迹的重要文献。刘若愚自称原名刘时敏，南直定远人。其家世袭延庆卫指挥佥事，父亲应祺官至辽阳协镇副总兵。万历年间被选入皇宫，隶属司礼太监陈矩名下。因其擅长书法且博学多才，便派其在内直房经管文书。

李时珍（1518—1593），字东璧，时人谓之李东璧。号濒湖，晚年自号濒湖山人。我国明代伟大的医学家、药物学家。李时珍曾参考历代有关医药及其学术书籍八百余种，结合自身经验和调查研究，历时27年编成《本草纲目》一书，是我国古代药物学的总结性巨著。另著有《濒湖脉学》。

艾窝窝作为老北京清真风味小吃，曾有诗道：

白黏江米入蒸锅，什锦馅儿粉面搓。
浑似汤圆不待煮，清真唤作艾窝窝。

它的特点就是色泽洁白如霜，质地细腻柔韧，馅心松散甜香。

切糕也是深受老百姓喜爱的老北京清真风味小吃，特别是到了年节，切糕一定是老百姓必吃的食物，主要是为了取个吉利，因为切糕有“年年高”之意。

马蹄烧饼。因有两层薄皮，内空，形似马蹄得名。

商河马蹄烧饼历史久远，相传在清乾隆年间就已享有盛名。

螺蛳转儿

据载，清朝末年，在县城经营马蹄烧饼的张氏家族和怀仁镇某村的康氏家族，名气颇大。他们所制烧饼经常被过往商人带往外地和京城，从此以后“马蹄烧饼”不胫而走。

据传，乾隆皇帝下江南时，马蹄烧饼和糖酥火烧曾作为贡品呈献给乾隆皇帝，备受皇帝和大臣们的赞赏。由此可见马蹄烧饼和糖酥火烧，早就是远近闻名和备受喜爱的商河名吃了。

■馓子麻花

螺蛳转儿。是北京特色风味小吃，有甜咸两种。原料为芝麻酱、面粉、芝麻油、碱面、花椒盐、老酵。螺蛳转儿因其形似而得名，质地松软，表皮酥脆，味咸香而可口。

馓子麻花。古名为“环饼”“寒具”。明代李时珍的《本草纲目·谷部》中，十分清楚地介绍说：

> 寒具即食馓也，以糯粉和面，入少盐，牵索纽捻成环钏形，入口即碎脆如凌雪。

可见馓子麻花的古老。馓子麻花是北京清真小吃中的精品，很受百姓欢迎，它的制作比较麻烦。在事先将矾、碱、红糖、糖桂花放在盆内用温水溶化，再将面粉倒入和均匀，和好后搓长条盘起来饧一会儿，然后揪成40克一个的小剂。馓子麻花质地酥脆，香甜可口。

据说远在战国时期就有环饼，秦汉以来成为寒食

战国 我国古代重要的历史时期之一，其主体时间线处于东周末期。战国时代是华夏历史上分裂对抗最严重且最持久的时代之一。这一时期各国混战不休，故被后世称之为“战国”。战国承春秋乱世，名士纵横捭阖，涌现出了大量为后世传诵的典故，塑造了帝制中国的雏形。

> **庙会** 又称“庙市”或“节场”。是指在寺庙附近聚会，进行祭神、娱乐和购物等活动。庙会是我国民间广为流传的一种传统民俗活动，是一个国家或民族中被广大民众所创造、享用和传承的生活文化。

节的必吃食品。

馓子麻花是用发酵面揉拧成麻花形，炸制而成，是遍及全国各地的小食品。其历史悠久、源远流长。古代将麻花、馓子作为寒具的代表，寒食节禁火之日，多食此品。

到了清代，据御膳房食单记载：1754年，也就是乾隆十九年三月十六日总管马国用传，皇后用野意果桌，一桌十五品。其中就有“发面麻花”做点心。

大约从清代起才将麻花和馓子分立，麻花较硬而粗，馓子细而散，但都是油炸食品。

著名的天津桂花发祥麻花，就是用发酵面加芝麻、青梅、糖姜、桃仁等果脯，经过搓拧，油炸而成。但也有被称为“馓子麻花”的，如天津的王记剪子股麻花，就因条散而不乱，麻花肌不拧紧在一起而得名。

“驴打滚”

驴打滚，又称“豆面糕”，是北京小吃中的古老品种之一，它的原料是用黄米面加水蒸熟，和面时稍多加水和软些。另将黄豆炒熟后，轧成粉面。

蜜麻花

制作时将蒸熟发黄米面外面沾上黄豆粉面擀成片，然后抹上赤豆沙馅或红糖卷起来，切成100克左右的小块，撒上白糖就成了。

在庙会上经营此业的多是回民。叫卖者只用一辆手推车，车上的铜活擦得锃光瓦亮，引人注目，以招徕生意。

豆面糕以黄豆面为其主要原料，故称“豆面糕”。但为什么又称“驴打滚”呢？似乎是一种形象比喻，制得后放在黄豆面中滚一下，如郊野真驴打滚，扬起灰尘似的，故而得名。

糖耳朵是北京小吃中常见名品，又称蜜麻花，因为它成形后形状似人的耳朵得名。前人有诗说：

耳朵竟堪作食耶？常偕伴侣蜜麻花。
劳声借问谁家好，遥指前边某二巴。

蜜麻花颜色棕黄，质地酥脆，香甜可口，男女老少都爱吃，有人形容说“嚼着惊动十里人”，可见其受大众欢迎的程度。

糖火烧。是北京人常吃的早点小吃之一，已有 300多年历史，以大顺斋的糖火烧最出名。

要先将红糖加面粉搓散烤熟，加入麻酱、桂花、油，和成芝麻酱馅；用干面粉加发面，发酵后对硷。饧面后，将面按成0.5千克一块搓成长条,然后甩成栅子，抹上糖酱，随莏随卷成筒形，揪成50克小剂，揉成圆形小桃，摁扁码入烤盘，放入烤炉烤熟，熟后晾凉，放入木箱中闷透闷软即可食。糖火烧香甜味厚，绵软不粘，适合老年人食用。

缸炉烧饼原为河北小吃，后传入北京， 成为北京小吃。其特点是用缸做成炉子，将烧饼生坯直接贴在缸壁上烤熟而得名。

芝麻酱烧饼。也是老北京清明节主要食品之一。无需多说。而它的同类食品澄沙烧饼倒有点意思，因为豆沙馅要从边上露出一些，别名“蛤馍吞蜜”。

芝麻酱烧饼的做法有很多，根据平时做烙饼的原理也可以改良出很多种做法，咸、甜口也可以自由变换，还可以用发面面团、平底锅来做，但这种酥皮面类的做法还是用烤炉效果比较好。

如今，驴打滚、糖火烧、豌豆黄、焦圈、芝麻酱烧饼，都是街头巷尾的常见之物，独筋道香甜的硬面饽饽已失了踪迹。

寒食节配着凉食吃的老北京“四大茶”，有油茶、面茶、杏仁茶、茶汤。

阅读链接

关于驴打滚小吃，在《燕都小食品杂咏》中就有记载：“红糖水馅巧安排，黄面成团豆里埋。何事群呼‘驴打滚’，称名未免近诙谐。”另有：“黄豆年米，蒸熟，裹以红糖水馅，滚于炒豆面中，置盘上售之，取名‘驴打滚’真不可思议之称也。”可见“驴打滚”的叫法已约定俗成。

后来，很多人只知雅号俗称，不知其正名了。许多糕点店一年四季都有供应，但大多数已不用黄米面而改用江米面，又因在面团外沾上黄豆粉，其颜色仍为黄色，色香诱人，成为群众非常喜爱的一种小吃。